리스크 없이 수익만 내는

스팩 투자의 법칙

리스크 없이 수익만 내는

스팩 투자의 법칙

원칙과 실천 지음

RADIO BOOK

차례

Part 02

스팩이란 무엇인가?
왜 안전한 투자인가?

Part 03

스팩 투자,
왜 매력적인가?

Part 04

원금을 지키는 스팩 매매 원칙

Part 05

스팩 투자로 돈을 버는 세 가지 방법

Part 06

스팩 투자의 단점과 주의 사항

Part 07

좋은 스팩을 고르는 방법 – 스팩 관련 통계에 답이 있다

Part 08

시드머니 만들기부터 계좌 운영까지, 실전 스팩 투자 Tip

Part 09

스팩 투자 고수들의 실전 투자 전략 공개

프롤로그

가장 적은 리스크로
가장 큰 수익을 준 스팩 투자

코로나19 팬데믹 기간 동안 엄청난 유동성이 풀리면서 부동산, 주식, 금, 코인 등 거의 모든 자산의 가격이 폭등했습니다. 유튜브와 인스타그램에는 돈 벌었다고 자랑하는 게시물이 넘쳐났고, 근로 소득 가치가 무시되며 투자 열풍이 불었습니다. 해외 주식과 가상화폐 거래의 대중화로 주말도, 휴일도 없이 24시간 투자하는 시대가 열렸습니다.

그러나 이러한 유동성 증가 속에서도 모두가 돈을 버는 것은 아니었습니다. 유동성 잔치가 끝나고 급등했던 자산 가격은 제자리를 찾아갔고, 레버리지를 사용한 사람은 큰 손실을 입었습니다. 2023년에는 빚투에 뛰어든 2030세대의 파산 신청 건수가 역대 최대 규모를 기록하기도 했습니다.

2030세대는 그나마 회복할 시간이 있지만, 빠르고 쉽게 돈을 번 경험을 한 청년들이 다시 묵묵히 일하며 돈을 모을 수 있을지는 의문입니다. 40대 이후의 투자 실패는 혼자만의 고통이 아니며, 가족과 주변인까지 힘들게 합니다. 손실을 회복해도 긴 시간 동안 정신적 고통을 겪어야 합니다.

코인이나 주식 투자에 모든 것을 걸기에는 삶에 더 중요한 가치가 많습니다. 가족과 보내는 소중한 시간, 꿈을 이루기 위한 도전, 자신의 사업이나 직장 등이 그러한 가치입니다. 모두가 전업 투자자가 될 필요는 없습니다.

저는 금융이나 주식과는 무관한 직장을 다니는 10년 차 투자자입니다. 정보주, 기술적 투자(기법 매매), 프로그램 자동 매매, S-RIM을 활용한 가치 투자, 추세 매매 등 여러 방식의 주식 투자를 해봤습니다. 강세장을 만났을 때는 추세 매매로 하루에 월급만큼인 500만 원을 벌어보기도 했고, 몰빵한 정보주가 3일 만에 80%가 빠져 1억 원을 날린 경험도 있습니다. 손실을 회복하기 위해 300만 원짜리 유료 강의를 듣고, 똑같은 방식으로 매매해 봤지만, 강사와 같은 결과는 나오지 않았습니다. 일반 직장인이 전업 투자자 같은 대응을 할 수 없었기 때문입니다.

지난 10년간 나와 맞는 최적의 투자 방법을 찾기 위해 노력했고, 마침내 나름의 방법을 찾아 실제 투자에 적용하고, 관련 블로그와 카페를 운영하고 있습니다. 그 방법은 바로 스팩(SPAC) 투자입니다. 스팩은 지난 10년 동안의 주식 투자 활동 중에서 가장 리스크가 낮은 방법이었지만, 놀랍게도 가장 큰 수익을 안겨주었습니다. 2018년에 투자했던 IBKS제3호스팩은 케이엠제약과 합병에 성공해 130% 이상의 매매 차익을 올렸습니다.

스팩은 유일하게 상장폐지에 대한 두려움이 없는 주식 투자 방법입니다. 상장폐지가 돼도 공모가에 예금 이자까지 더해 투자금을 돌려받을 수 있습니다. 몇 가지 원칙만 준수한다면, 투자에 실패해도 투자를 취소하고 공모가에 예금 이자까지 더해 돈을 회수할 수 있는 장치가 있습니다. 복잡하고 어려운 산업 예측이나 재무제표 분석이 필요하지 않으며, 신속한 대응을 위해 하루 종일 차트를 지켜볼 필요도 없습니다. 간단한 원칙을 따르고 기다릴 수 있다면 누구나 수익을 만들 수 있습니다.

그럼에도 불구하고, 스팩 투자에 대한 관심은 부족합니다. 많은 주식 투자 관련 서적이 출판됐지만, 스팩 관련 책은 찾기 어렵습니다. 스팩을 단순히 묻지마 공모주 투자의 하나로만 여기고 있습니다. 이러한 편견을 깨고 스팩의 실제 수익 가능성을 알리기 위해, 국내 상장된 스팩의 데이터를 수집하고 수익률을 분석한 결과를 바탕으로 이 책을 출간하기로 결심했습니다.

이 책에서 소개하는 스팩 투자 방법은 단기간에 당신을 부자로 만들어 줄 수는 없습니다. 단타 기법같이 심장을 쫄깃하게 만드는 재미도 없습니다. 그런 투자 방법을 찾는 사람이라면 이 책은 적합하지 않습니다.

이 책은 가정을 위해 본업을 소홀히 해선 안 되는 평범한 가장, 어렵게 모은 돈을 현명하게 운용해 더 나은 삶을 꿈꾸는 가정주부 등 보통의 개인 투자자를 위한 투자 안내서입니다. 스팩 투자로 안정적으로 수익을 창출하는 방법을 배워 당신의 투자 성과가 더 풍요로워지기를 기원합니다.

Part 01

스팩 공부 이전에 월급쟁이 투자자 관점 주식 이야기

◇

key point

세상에 잃어도 되는 돈은 없습니다. 높은 수익에 눈이 멀어 투기판에 뛰어들지 말고 안전한 투자를 해야 합니다. 공모가 미만의 스팩은 설령 몰빵해도 심각한 데미지를 주지 않습니다.

평생 함께할 나만의 투자 방법을 찾아야 하는 이유

코로나19 팬데믹 유동성으로 폭등했던 부동산 가격이 하락했지만, 여전히 월급만으로 서울에서 아파트 한 채를 사는 것은 쉽지 않습니다. 억대 연봉을 받아도 기본 생활비와 아이들 교육비를 지출하고 나면 1년에 천만 원을 저축하는 것도 어려운 것이 현실입니다. 더불어 개혁하지 않으면 오는 2055년 소진이 예상되는 국민연금만 믿고 노후를 준비하지 않을 수 없는 시대이기도 합니다.

그래서 주식 투자에 뛰어들었지만, 지난 10년간 제가 경험한 투자 세계는 전쟁 같았습니다. 정보주, 기술적 투자, 프로그램 자동 매매, S-RIM을 활용한 가치 투자, 추세 매매 등 다양한 방식의 주식 투자를 경험해 봤습니다. 강세장에서는 하루 만에 한 달 월급을 번 적도 있었지만, 확신을 가지고 몰빵했던 정보주가 3일 동안 80% 하락해 1억 원을 손절한 적도 있었습니다. 이런 투자가 지속된다면 간혹 전투에서는 이겨도 과연 전쟁에서 이길 수 있을까요?

개별 종목 투자 결과를 전투, 전체 투자 결과를 전쟁이라고 한다면, 투자자의 궁극적인 목적은 전쟁에서 이기는 것입니다. 전쟁에서 이기기 위해서는 방어가 중요합니다. 10번의 투자에서 9번 승리해도, 마지막 1번의 투자에서 큰 손실이 발생하면 모든 것을 잃을 수 있습니다. 결국 전쟁에서 패배하게 됩니다.

주식 투자에 흥미를 가진 사람은 전설적인 트레이더인 제시 리버모어 이야기를 잘 알고 있을 것입니다. 그는 1929년 세계 대공황 때 과감한 공매도로 현재가치 2조 원에 달하는 수익을 올렸지만, 파산과 재기를 반복한 끝에 결국 권총 자살로 생을 마감했습니다.

이는 극단적인 사례지만, 유사한 사례가 우리 주변에 생각보다 많습니다. 주식 시장은 높은 수익을 주기도 하지만, 동시에 큰 위험을 내포하고 있습니다. 이런 위험을 경험하지 않은 사람은 주식 시장에서 빠른 부의 취득만을 기대하기 쉽습니다. 그러나 현실은 복잡하며, 실수와 예측 불가능한 사건으로 큰 손실을 겪을 수 있습니다. '주식은 절대 하지 말아야 한다.'라는 일부 어른들의 경고가 괜한 것이 아닙니다.

세상에는 주식, 코인, 부동산 등 다양한 투자 방법이 존재하며, 정답은 없습니다. 개인마다 고유한 기질과 성향이 있고, 처한 환경도 서로 다르기 때문입니다. 다양한 공부와 경험으로 자신에게 맞는 투자 방식을 찾는 것이 필요합니다. 20~30대에는 조금 과감한 투자를 시도할 수도 있습니다. 아직 시간이 있어 실패를 만회할 기회가 있습니다. 그러나 나이가 들수록 투자 손실을 회복하기 어려워집니다. 전쟁에서 살아남기 위해서는 잃지 않고 지속적으로 투자할 방법을 찾아야 합니다. 아직 적합한 투자 방법을 찾지 못한 사람이라면 이 책이 훌륭한 가이드가 될 것입니다.

월급쟁이의 투자는 지속 가능해야 한다

회사 업무 특성상 지방 출장이 잦습니다. 1년에 최소 한두 번은 울산, 창원, 전주, 진천, 평택, 광주를 각각 가야 합니다. 이는 주식장이 열리는 시간에 운전을 하거나, 기차로 이동하는 상황이 발생한다는 것을 의미합니다.

이런 상황에서 전업 투자자가 아닌 월급쟁이는 주식 투자에 불가피한 시간적 제약이 발생합니다. 높은 변동성 속에서 수익을 창출하는 스윙이나 데이 트레이딩을 한다면 신속한 장 대응이 어려울 수 있습니다. 그렇지 않으면 본업을 등한시해야 합니다. 트레이딩과 본업을 동시에 수행하는 것은 소수의 능력자를 제외하고는 어려운 일입니다.

월급쟁이의 투자는 직장에서 긴급한 일이 발생해도 운영에 큰 지장이 없어야 합니다. 분초를 다투는 기법 매매를 시도하는 것은 현실적으로 어렵습니다. 중요한 프레젠테이션을 하는 날, MTS를 주시한다면 직장 상사에게 좋은 평가를 받기 어려울 것입니다. 시간적 제약이 주식 매매 대응에 영향을 주면, 주가 변동성으로 인해 발생하는 심리적 불안이 월급쟁이 본업에도 영향을 미칩니다.

월급쟁이가 가장 쉽게 추가 수입을 만드는 방법은 연봉을 높이는 것입니다. 연봉을 높이기 위해서는 진급이나 이직을 해야 합니다. 이직에 성공하면 적게는 10%, 많게는 50% 이상의 연봉 상승도 가능합니다. 연봉이 증가하고 소득 수준을 유지한다면 추가로 확보한 자금을 투자에 활용할 수 있습니다. 연봉이 상승하면 신용대출 한도도 증가합니다. 대출을 활용하는 투자는 신중해야 하지만, 부동산 투자나 상대적으로 안정적인 차액 거래 투자 상품 등이 있다면 늘어난 신용한도를 유용하게 쓸 수 있습니다.

최근 많은 20~30대가 본업보다는 주식이나 코인 투자에 열중하는 것을 볼 수 있습니다. 거래 단위가 큰 부동산보다는 주식과 코인을 공정한 게임으로 인식한다나요? 하지만 코인이나 주식 투자에 성공하는 사례는 극소수에 불과하며, 이는 매우 희박한 확률입니다. 그에 비하면 연봉을 올리는 것은 훨씬 쉽습니다. 생각보다 많은 직장인이 다른 곳에 정신이 팔려 있기 때문입니다.

하루하루 급등락을 반복하는 코인, 주식 단타 놀이에 빠지면 본업에 집중할 수 없습니다. 마이너스가 찍힌 시퍼런 계좌가 있는데 어떻게 자기 계발을 할 수 있겠습니까? 전업 투자자로 전향할 것이 아니라면 투자와 본업 간의 균형을 유지하는 것이 중요합니다.

특히 20~30대 직장인이고 아직 억대 연봉을 받고 있지 않다면, 코인이나 주식 투자보다는 자신의 능력을 개발하는데 시간을 쓰는 것이 더 현명한 선택입니다. 정답도 없는 개별 종목을 공부하고, 세계 석학들도 매번 빗나가는 세계 경기를 예측하느라 귀중한 시간을 날리지 말고, 자기 몸값을 올려야 합니다. 아이러니하게도 월급쟁이의 삶은 연봉이 올라가면 시간적 자유가 늘어나고, 심리적인 스트레스도 감소합니다.

근력 운동과 주식 투자의 공통점
- 나이 들수록 필요하지만 잘못하면 다친다

근력 운동과 주식 투자는 나이가 들수록 필요하지만, 부주의한 접근으로는 오히려 다칠 수 있다는 공통점이 있습니다. 근력 운동은 젊은이들이 멋진 몸매를 가꾸기 위한 것으로 여겨지지만, 사실 나이가 들수록 근력 운동이 더 중요합니다. 관절은 뼈와 근육이 함께 작용해 몸을 지탱하고 움직이게 하는 중요한 부분입니다. 나이가 들면서 신체 활동을 소홀히 하면 관절이 약해져 통증이 발생할 확률이 높아집니다. 더욱이 근육이 약해지면 균형을 유지하기 어려워 넘어질 때 부상 위험

이 증가합니다. 근력 운동은 신체 균형을 향상시켜 넘어지거나, 부상당했을 때 몸을 지탱하고 보호할 수 있게 도와줍니다

저는 학창 시절부터 몸에 밴 나쁜 자세 때문에 주기적으로 운동을 하지 않으면 몸이 아픕니다. 그래서 매일 바빠도 하루에 한 시간 정도는 운동을 하려고 노력하고 있습니다. 대학교 시절부터 헬스장에 다녔으니 꽤 오랜 시간 웨이트 트레이닝을 했습니다. 하지만 상체 프레임에 큰 변화가 없었습니다. 그 이유는 웨이트 시작 → 중량 증량 → 어깨 부상 → 휴식이라는 패턴을 반복했기 때문입니다.

최근에는 웨이트 트레이닝에 진심인 회사 후배와 함께 운동하며 새로운 경험을 하고 있습니다. 후배는 모든 동작을 정확하고 천천히 하는데 주의를 기울입니다. 횟수는 예전과 크게 다르지 않지만, 근육에 느껴지는 자극이 다르다는 것을 느꼈습니다. 그동안 열심히 한다고 한 것은 단순히 횟수를 맞추는 것뿐이었고, 이로 인해 부상을 겪었습니다. 건강을 위해 열심히 한 운동이 오히려 건강을 해쳤습니다.

주식 투자도 비슷합니다. 나이가 들수록 근로 소득을 올릴 수 있는 시간은 점점 줄어듭니다. 반면 늘어난 수명으로 돈이 필요한 시간은 더욱 길어지고 있습니다. 근로 소득이 있는 동안 투자 활동으로 자산을 효율적으로 불려 나가야 노후를 대비할 수 있습니다.

근력 운동과 마찬가지로 올바른 자세를 모르고 무작정 열심히만 투자하면 급속도로 자산이 감소할 수 있습니다. 운동이나 투자 모두 20~30대에는 부상이나 손실을 회복할 수 있지만, 이후에 발생하는 부상이나 손실은 치명적일 수 있습니다.

정보주로 계속 성공할 수 없다 - 위험한 앵커링 효과

많은 투자자가 고급 정보 또는 남의 정보에 대한 환상을 가지고 있습니다. 이 글을 쓰고 있는 저 역시 그랬습니다. 때로는 정보주로 수익을 올릴 수 있지만, 지속적인 비밀 정보 흐름은 기대하기 어렵습니다. 또, 정보가 맞아도 주가가 예측과 반대로 움직이는 경우도 흔합니다. 주식 시장에는 주가 상승을 원하는 세력뿐만 아니라 주가 하락을 원하는 세력도 존재하며, 이들은 서로를 속이고 이용합니다.

주변 지인에게 특정 종목이 관리 종목에서 해제될 거라는 정보를 듣고 투자한 적이 있습니다. 관리 종목이었던 시점이라 주가가 낮아 저렴하게 매수할 수 있는 기회로 판단했습니다. 하지만 지정 해제 이후 주가는 예상과 달리 폭락했습니다. 이런 상황을 주식 시장에서는 '재료의 선반영' 또는 '재료 소멸'이라고 부릅니다.

이처럼 정보가 맞아도 주가 방향을 예측할 수 없는데, 시장에는 거짓 정보가 넘쳐납니다. 이런 정보주에 의존해서 투자하는 것으로 과연 지속적인 수익을 창출할 수 있을까요?

정보주의 또 다른 문제점은 앵커링 효과(Anchoring effect)입니다. 주변 주식 고수에게 'OO주 10만 원 간다.'라는 말을 들으면 10만 원이라는 숫자가 뇌리에 박힙니다. 주가는 국내외 거시 경제 변화나 회사 실적, 횡령 등 통제할 수 없는 위험 등으로 언제든지 변할 수 있습니다. 손절해야 하는 상황임에도 고수가 말한 10만 원이라는 숫자 때문에 합리적인 판단을 못 할 수 있습니다. 최악의 경우 손절은커녕 지속적인 물타기를 하다 상장폐지를 당해 깡통을 찰 수도 있습니다. 극단적인 사례 같지만, 생각보다 흔합니다.

현재 저는 회사에서 물류 창고 업체 계약 업무를 담당하고 있습니다. 사회 초년생 때는 몰랐지만 시간이 흘러 부동산에 약간의 깨달음이 온 시점부터는 창고 사장님들을 바라보는 시각이 완전히 달라졌습니다. 그분들이 보유하고 있는 창고, 정확히는 땅의 가치를 계산해 보면 적게는 50억 원에서, 많게는 천억 원에 달합니다. 회사를 다니기 전에는 절대 만날 수 없었던 천억 원대 자산가와 독대할 수 있으니, 그들이 가진 고급 정보가 얼마나 궁금했겠습니까?

천억 원대 자산을 가진 한 대표님은 지역 국회의원과도 호형호제

하는 사이고, 실제로도 주식과 부동산 등에 많은 정보가 오가는 것 같았습니다. 하지만 그분이 주식 투자를 했다는 소리를 들어 본 적이 없습니다. 그분은 위험이 있는 자산에 대해서는 극도로 조심합니다. 간혹 투자 정보를 주는 경우도 있지만, 주로 부동산이었습니다. 회사 내의 윤리적인 문제도 있지만, 스케일 자체가 일반 월급쟁이가 투자할 수 있는 규모가 아니었습니다. 결론적으로 불법이 아닌 이상, 내 계좌에 직접 도움이 될 만한 그런 정보는 없었습니다.

그 대신 저는 그들이 어떻게 천억 원의 자산을 축적했는지에 대한 교훈을 얻었습니다. 그들의 본업인 물류 창고 운영만으로는 큰 이익을 창출하지 못합니다. 대기업에서 생각보다 돈을 많이 주지 않기 때문입니다. 그 돈을 결정하는 것이 제 업무이니 누구보다 잘 알고 있습니다.

오랜 시간 여러 사장님들을 관찰하고 내린 저의 결론은 시간입니다. 사업 자체의 수익이 크지 않더라도 5년, 10년 전에 매수한 땅에 창고를 짓고 기다렸더니 땅값이 상승한 것입니다. 이들은 부동산 투자로 자산을 쌓아 올린 것입니다. 그들이 잘 알고, 잘하는 분야입니다. 그리고 제가 관찰해 온 물류 창고 대표님들은 자기가 모르는 다른 투자에는 관심을 가지지 않습니다. 특히 주식은 대부분 안 합니다. 모르는 것에는 손대지 않고, 본인이 가장 잘하는 영역에서 5~10년이라는 시간을 기다릴 수 있는 능력. 그것이야말로 그분들의 진짜 성공 비결이 아닐까요?

고수의 기법을 똑같이 따라 해도 결과가 다른 이유

세상에는 근로 활동 없이 주식 투자만으로 생계를 유지하는 능력 있는 전업 투자자가 많이 존재하며, 그들만의 다양한 투자 방식이 있습니다. 이 책을 출간하기 전에 제가 전자책을 판매했던 크몽이라는 사이트에도 주식 매매 기법을 판매하는 사람이 많았고, 어떤 책은 판매 가격이 500만 원에 달하기도 했습니다. 크몽에서 책을 판매하려면 판매자가 홍보하는 수익률에 대한 증빙 과정을 거쳐야만 최종 판매 허가를 받을 수 있기에, 적어도 판매자는 해당 기법으로 수익을 창출한 경험이 있는 사람입니다.

실제로 제 주변에도 전문직을 그만두고 주식 투자로만 생활하는 친구가 있습니다. 한때 그 친구를 따라 300만 원에 달하는 유료 강의를 수강하고, 블로그에 약 6개월간 매매 결과를 기록했습니다. 특허 등록했다는 강사의 기법 중에는 승률이 90%에 가까운 것도 있었습니다. 그런데 똑같은 매매 방법을 사용해도 6개월이라는 기간 동안 돈을 벌지 못했습니다. 대응 속도의 문제라고 판단해 자동 매매 시스템도 구축해 봤지만, 결과는 마찬가지였습니다. 지금 돌이켜보면 해당 기법은 90%의 성공 확률을 가지고 있었지만, 10%의 실패에서 얻은 손실이 너무 컸습니다. 20만~30만 원의 수익을 9번 얻었지만, 한 번에 200만~300만 원의 손실을 보는 패턴이었습니다. 자동 매매 시스템은 손절 지점에 정확히 매도 주문을 걸었지만, 거래량 부족으로 체결되지 않는 경우까지 잡아주지는 못했습니다.

재능 문제도 있겠지만, 개인마다 기질과 그릇, 주어진 환경이 달라 같은 매매 방식으로도 천차만별의 결과가 나옵니다. 본업이 있어 100% 주식에 집중할 수 없는 저 같은 투자자가 어설프게 기법 매매를 따라 했다가는 순식간에 계좌가 녹는 경험을 할 수 있습니다.

만약 주식 시장에서 항상 통하는 절대 매매 공식이 있었다면, 이미 인공지능(AI)를 활용한 자동 매매 방식이 개발됐을 것이고, 개발자는 떼돈을 벌었겠죠. 불법이 아닌 이상 그런 투자는 없습니다.

주식도 공부하면 잘할 수 있을까?

사실 이것은 정답이 없는 질문입니다. 아마도 사람마다 모두 다르겠지요. 하지만 주변에 학벌이 좋아도 주식 투자는 고전하는 사람을 쉽게 만날 수 있습니다. 경영학을 전공한 교수님도 주식 투자는 실패하고, 신라젠에 물린 의사도 많습니다.

저 역시 '노력하고, 공부해서 극복할 수 없는 건 없다.'라고 생각하는 사람이지만, 주식에 대해서는 답을 못 내렸습니다. 그 어렵다는 사법고시도 민법, 형법 등 공부해야 할 범위가 정해져 있었습니다. 하지만 주식은 무엇을, 얼마나 공부해야 하는지 정해진 것이 없습니다. 설상가상으로 내가 공부하는 것이 주식 투자에 실질적인 도움이 되는지도 모릅니다. 가치 투자, 기술적 투자 등 개인 성향 별로 적합한 투자 방식은 모두 다릅니다. 학창 시절 시험과는 달리 정답이 없습니다.

저 또한 주식으로 복수를 꿈꾸던 시절에 제법 많은 책을 읽었습니다. 투자 마인드, 심리학, 트레이딩, 가치 평가 방법, 퀀트 투자 등 다양한 책을 읽어보고, 실전에 적용했습니다. S-RIM을 활용한 투자로 제법 많은 돈을 벌었을 때는 정답을 찾았다고 생각한 적도 있습니다. 돌이켜 보니 그것은 하락장에서 상승장으로 가는 초입에 투자를 시작한 덕분이었습니다.

이후 돌파 매매로 하루에 월급만큼 벌던 시절에는 윌리엄 오닐의 '최고의 주식 최적의 타이밍'이 최고의 실전서라고 생각했었습니다. 하지만 이 역시 코로나19 시국 이후 풀린 돈이 만든 상승장 덕분에 벌었던 수익이었습니다.

본격적인 하락장을 만나면서 벌었던 돈은 거의 다 사라졌습니다. 정답이라 생각했던 방법이 더 이상 통하지 않았습니다. 시장은 늘 변하고, 항상 통하는 절대적인 투자 방법은 없습니다. 그래서 투자가 어렵습니다.

만약 그만큼의 노력과 시간을 본업에 투자했다면, 더 빠른 진급이나 이직 기회를 얻을 수 있지 않았을까 생각해 봅니다. 감히 말하건대 주식 투자로 성공하는 것보다는 확률이 높을 것입니다. 회사에는 생각보다 열심히 하는 사람이 많지 않습니다.

하버드 석사 출신으로 타임지가 선정한 세계에서 가장 영향력 있는 100인 중 하나인 헤지 펀드의 대부 레이 달리오는 자신의 책 '원칙'에서 주식에 대한 난이도를 다음처럼 표현했습니다.

'당신이 모든 것을 포기하고 상장 기업의 역사와 배경에 대해 의대생이 해부학을 공부하는 것처럼 연구할 준비가 돼 있더라도(이에 더해 도박사의 냉정한 배포와 미래를 내다보는 육감, 그리고 사자의 용기를 가지고 있어도) 시장에서 이길 확률은 거의 없다.'

일반 주식을 정리하고 스팩만 투자하는 이유

지방 출장을 가던 어느 날 기차 안에서 다른 사람의 블로그를 구경하다가 '블로그를 하는 이유'라는 제목의 글을 읽었습니다. 저 역시 스팩에 관한 블로그와 카페를 운영하고 있기에, 이 질문에 대해 고민하게 됐습니다. '왜 나는 스팩에 관한 정보를 기록하고, 공유하나?'

케이엠제약과 합병한 IBKS제3호스팩은 제가 스팩 투자에 관심을 갖게 해 준 종목입니다. 우연한 기회에 투자했던 IBKS제3호스팩은 약 4개월 만에 130%라는 수익을 안겨줬습니다.

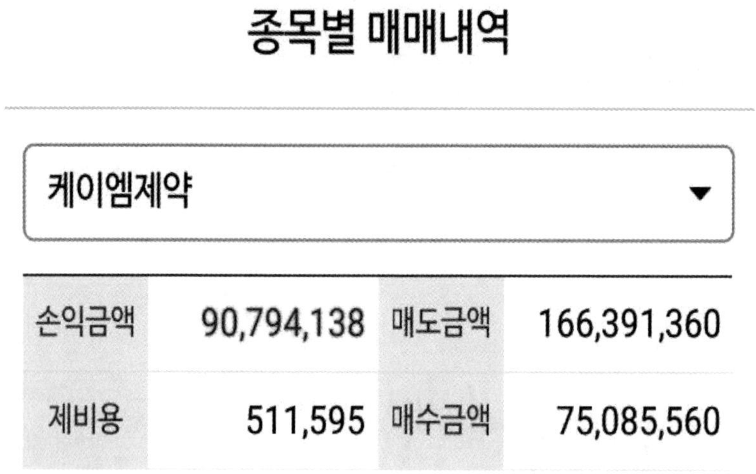

종목별 매매내역

케이엠제약

손익금액	90,794,138	매도금액	166,391,360
제비용	511,595	매수금액	75,085,560

2018년 투자한 IBKS제3호스팩의 수익(출처 : 한국투자증권 MTS 캡쳐 화면)

이후에도 스팩으로만 투자를 이어갔다면 좋았겠지만, 이 작은 성공이 독이 됐습니다. 주식에 재능이 있다고 착각해 본격적으로 주식 투자를 시작했고, 투자 금액을 늘리려는 욕심이 생겼습니다.

'만약 130% 수익이 난 스팩에 더 많은 돈을 투자했다면 어땠을까' 하는 상상에 사로잡혔습니다. 어설픈 성공이 키워준 자만심과 욕심은 다음 투자 종목에 몰빵하게 만들었습니다. 그 주식도 40% 이상 수익이 난 구간이 있었지만, 직전 투자에서 130% 수익을 경험했기에 만족하지 못했습니다. 결국 추가 매수로 투자 금액을 계속 늘리는 실수를 범했습니다.

불행하게도 그 이후 미중 갈등 이슈로 국내 증시는 흘러내리기 시작했습니다. 수익권에서 마이너스로 전환됐지만, 추가 매수했습니다.

경기는 순환하고 주가는 상승과 하락을 반복하니까요. 추가 매수로 평균 보유단가를 낮추고 기다리면 언젠가 수익을 볼 수 있다는 확신을 가졌습니다. 큰 수익은 결국 그릇이 만드는 것이라고 생각했습니다.

그러나 코스닥 1~2위 종목도 대표의 일탈이나 부정으로 하루아침에 상장폐지가 될 수 있는 것이 주식 시장입니다. 몰빵했던 종목은 개별 종목의 악재로 매도도 할 수 없는 연속 하한가를 세 번이나 맞았고, 결국 투자금의 80%를 날렸습니다.

이 시점에 주식 블로그를 시작했습니다. 실패에 대한 생각을 잊어버릴, 몰입할 무언가가 필요했습니다. 다행히도 상승장을 만나 추세 매매 등으로 힘겹게 손실을 메꾸긴 했지만, 희생했던 시간을 생각하면 너무 아깝습니다. 그때 잃었던 돈 때문에 상급지 아파트로 이사할 기회도 놓쳤습니다.

이후에도 주식 투자는 계속했지만, 시장 상황에 따라 수익과 손실을 반복했습니다. 그러던 중 아파트 분양을 받았고 입주를 위해서는 원금 손실 없는 보수적인 투자를 해야만 했습니다. 이때 원금 보장 장치가 있는 스팩이 생각났습니다.

해당 시점부터 트레이딩 계좌의 추가 현금 투입은 중단하고, 신규 투자는 스팩으로만 운영하고, 스팩에 대해 더 깊은 관심을 가지기 시작했습니다. 그러다 한국금융연구원에서 발간한 '국내 스팩의 성과 분석과 시사점'이라는 연구보고서를 읽었습니다. 이전에도 스팩의 안전성에 대해 어렴풋이 알고 있었지만, 수익률에 대한 확신은 부족했습니다. 케이엠제약과 합병한 IBKS제3호스팩으로 130%라는 큰 수익을 얻었지만, 특별한 케이스로 여겼습니다. 그러나 보고서에서 2009년 국내 스팩 제도 탄생 이후 2021년 2월까지 상장된 스팩의 수익률 통계를 확인하고 충격을 받았습니다. IBKS제3호스팩 같은 사례가 한둘이 아니라는 것을 확인했기 때문입니다. 그 숫자가 믿기지 않아서 제 눈으로 직접 확인하고 싶었고, 국내에서 발행한 모든 스팩의 주가를 데이터화 했습니다. 합병에 성공한 스팩 중에는 원금 보장이 가능한 주식매수청구권 사용이 가능한 기간 동안 898%까지 상승한 종목도 있었고, 100% 이상 수익률을 기록한 스팩도 다수였습니다.

스팩명 (합병회사)	스팩 상장일	주식매수 청구권 종료일	공모가 (원)	주식 매수 청구권 종료일 주가 (원)	수익률
IBKS제12호 스팩 (윙스풋)	2019-12-09	2022-09-26	2,000	19,950	898%
미래에셋제2호 스팩 (콜마비앤에이치)	2014-07-23	2014-12-29	2,000	11,650	483%
삼성스팩2호 (엔피)	2018-09-13	2021-07-22	2,000	8,870	344%
IBKS제2호스팩 (지엘팜텍)	2014-11-20	2016-09-01	2,000	7,260	263%
케이비제3호 스팩 (프로스테믹스)	2014-09-30	2015-09-02	2,000	6,200	210%
교보위드스팩 (엑셈)	2014-11-07	2015-06-01	2,000	6,190	210%

대신밸런스 제6호스팩 (국전약품)	2018-12-19	2020-12-02	2,000	6,170	209%
엔에이치스팩 2호 (바디텍메드)	2014-12-29	2015-08-17	2,000	6,160	208%
대신밸런스 제9호스팩 (블리츠웨이)	2020-12-23	2021-11-25	2,000	5,890	195%
IBKS제3호스팩 (케이엠제약)	2015-10-08	2018-08-28	2,000	5,880	194%
엔에이치스팩 14호 (현대무벡스)	2019-05-08	2021-02-10	2,000	5,530	177%

주식매수청구권 종료일 종가 기준 수익률 상위 11개 스팩

이 무렵 일반 주식과 병행하던 블로그 주제를 스팩으로 한정했고, 스팩 관련 전자책을 출간하고, '스팩오답노트'라는 네이버 카페 운영을 시작했습니다. 카페에서 2015년 이후 현재까지 스팩 투자를 이어오며 의미 있는 수익을 만드는 고수들을 만날 수 있었고, 조급함을 버리면 원금 손실 위험 없이도 수익을 만들 수 있다는 확신이 들었습니다. 이후 트레이딩 계좌는 모두 정리하고 스팩에만 집중하고 있습니다

세상에 잃어도 되는 돈은 없습니다. 높은 수익에 눈이 멀어 투기판에 뛰어들지 말고 안전한 투자를 해야 합니다. 공모가 미만의 스팩은 설령 몰빵해도 심각한 데미지를 주지 않습니다. 최악의 경우, 합병에 실패해서 3년이라는 시간을 날리겠지만, 적어도 그 기간 동안 투자 원금은 고스란히 지킬 수 있습니다. 그에 더해 예금 수준의 이자도 지급

하니 예금보다도 좋은 선택입니다.

이 책을 읽고 있는 분이라면, 저같이 아픈 경험 없이 올바른 투자 방향을 찾으면 좋겠습니다. 투자 손실은 나만 힘들게 하는 것이 아닙니다. 사랑하는 가족까지 불행하게 할 수 있습니다.

안전한 스팩 투자가 더 알려지는 게 좋지 않을 수도 있습니다. 현명한 투자자가 늘어난다면 공모가 아래에서 스팩을 살 수 있는 기회가 그만큼 더 희박해질 테니까요. 하지만 그런 걱정은 하지 않습니다. 많은 사람이 단순히 기다리는 것을 잘하지 못합니다. 영화마저 유튜브 요약본을 보는 세상입니다. 스팩 투자는 안전하지만, 수익을 보는 것은 쉽지 않을 수 있습니다. 기다리는 기간이 고독하고 외롭기 때문입니다.

이 책에는 국내 상장한 모든 스팩 데이터를 활용한 다양한 통계적 정보가 담겨 있습니다. 이것이 스팩 투자에 대한 확신을 높여줄 것입니다. 투자 성공을 향한 외로운 그 길을 함께 가시죠.

Part 02

스팩이란 무엇인가?
왜 안전한 투자인가?

◇

key point

스팩은 상장 이후 3년 이내 합병회사를 찾지 못하면 상장폐지됩니다. 그리고 공모자금을 일반 투자자에게 돌려줍니다. 해당 기간 발생한 이자도 챙겨줍니다.

일반 주식과 다른 스팩의 두 가지 특성

스팩(Special Purpose Acquisition Company)은 다른 기업과는 목적이 다른 특별한 형태의 기업입니다. 제품이나 서비스를 판매해 돈을 버는 것이 아니라, 공모를 통해 상장한 뒤 다른 기업과 합병하는 것을 유일한 목적으로 하는 회사입니다.

국내 스팩의 1주당 공모가는 통상 2,000원입니다. 1주당 1만 원을 하는 스팩도 있지만, 공모자금 규모 이외에는 2,000원짜리 스팩과 본질적으로 다른 것은 없습니다. 스팩은 다른 기업과의 합병만을 목적으로 하는 회사이기 때문에 합병 성사 이전에는 공모가, 즉 2,000원 이상의 가치는 없다고 볼 수 있습니다.

스팩은 일반 주식과 다른 두 가지 특성이 있습니다.

첫 번째는 상장폐지가 두렵지 않은 유일한 주식이라는 것입니다. 스팩은 상장 이후 3년 이내 합병회사를 찾지 못하면 상장폐지됩니다. 그리고 공모자금을 일반 투자자에게 돌려줍니다. 해당 기간 발생한 이자도 챙겨줍니다.

두 번째는 주식매수청구권이라는 투자자 보호 장치입니다. 합병을 유일한 목적으로 존재하는 회사이기에 스팩의 가치는 합병 발표 이후에 실질적으로 발생합니다. 그래서 일반적인 스팩 주가는 합병 발표 전에는 안정적이고, 합병 발표 전후로 상승할 가능성이 높아지는 특징이 있습니다. 하지만 합병하는 회사에 따라서 합병 발표 이후 주가가 하락할 수도 있습니다. 이런 경우, 합병 발표 이전에 스팩을 매수한 투자자는 주식매수청구권을 사용해 공모가에 해당 기간 동안 발생한 이자까지 보상받고 투자를 철회할 수 있습니다. 어떤 회사와 합병할지 모르는 상태에서 투자를 결정하였기에 재고할 기회를 주는 것입니다. 주식매수청구권은 일반 투자자에게 매우 중요한 보호 장치라 별도로 다루겠습니다.

스팩의 역사
-태생부터 투자자 보호가 우선

미국에서 최초 도입된 SPAC은 백지수표회사(BCC, Blank Check Company)에서 유래했습니다. 백지수표회사는 특정되지 않은 비상장 기업 인수를 목적으로 하는 회사로, 현재 스팩과 매우 유사한 형태를 갖추고 있습니다. 1980~1990년대에는 백지수표회사가 성행했지만, 이로 인해 공모를 통한 자금 모집이 급증하면서 브로커 및 딜러의 사기에 피해를 입은 개인 투자자가 증가했습니다. 이에 미국 증권거래위원회(SEC, Securities and Exchange Commission)는 'Securities Act Rule 419' 법안을 발표해 백지수표회사에 대한 규제를 강화했습니다.

Rule 419는 순자산(공모 금액)이 5백만 달러 미만인 BCC가 기업공개(IPO) 하는 경우 다음 내용을 의무화하고 있습니다.

① 공모자금의 90% 이상을 '에스크로(escrow)'나 '신탁(trust)' 계정에 예치할 것
② 예치된 공모자금을 T-bill이나 MMF 등의 단기 안전자산에만 투자할 것
③ 대상 회사의 가치가 공모발행 총액에서 인수 수수료를 제외한 금액의 80% 이상일 것
④ 기업공개 후 18개월 이내에 M&A에 실패하는 경우 투자자에게 예치금을 환급할 것
⑤ 투자자의 합리적 투자 판단을 위한 인수 관련 정보 공시 등 투자자 보호 장치를 갖출 것

스팩은 BCC에 대한 투자자 우려와 SEC가 가진 부정적 시각을 극복하기 위해, 공모 금액이 500만 달러 이상인 경우에도 자발적으로 SEC Rule 419를 준수하면서 시작됐습니다.

1993년과 1994년에는 13개 스팩이 성공적으로 공개됐으며, 2003년 이후 스팩은 본격적인 성장을 거듭했습니다. 초기에는 중소형 증권사 중심이었지만, 2005년 이후에는 시티그룹(Citigroup), 도이치뱅크(Deutsche Bank) 등 대형 투자은행 참여로 스팩에 대한 관심이 증가하며 발행 규모도 확대됐습니다. 특히, 2020년 하반기에는 코로나19로 시장

유동성이 증가함에 따라 미국 스팩 주가가 급등하면서 스팩 투자 열풍이 불었습니다.

우리나라는 2009년 말 스팩 설립을 허용했습니다. 2008년 글로벌 금융위기 발생 후 경기 불황과 금융 불안이 증가해 기업의 경영난이 더욱 악화됐기 때문입니다. 우량 중소 및 중견기업조차 은행 대출이나 회사채 발행 등을 통한 자금조달이 어려워 경영 활동을 중단해야 할 정도였습니다. 이에 우량 중소 및 중견기업은 주식시장에서 자금을 조달할 방안을 모색하기 시작했습니다. 이를 위한 수단으로 스팩이 새로운 자금 조달 방식으로 주목받게 됐습니다.

기업이
스팩 상장을 하는 이유

기업을 경영하는 대표라면 누구나 상장을 꿈꿉니다. 기업이 상장을 꿈꾸는 이유는 다양합니다. 먼저, 상장은 기업에 자본을 제공해 사업을 확장하고, 성장할 수 있는 기회가 됩니다. 상장으로 모은 자금은 연구개발, 마케팅, 인프라 구축 등 다양한 영역에 투자돼 기업 경쟁력을 강화할 수 있습니다. 또, 상장은 기업의 가시성을 높여 금융 시장에서 더 많은 투자자의 주목을 받을 수 있습니다. 이는 미래 성장 잠재력에 대한 투자자의 믿음을 제고해 기업 가치를 높이고, 협력 및 제휴 기회를 확장할 수 있습니다. 상장으로 기업 주요 이해관계자는 주식을 통한 가치 창출이 가능하며, 임직원에게도 주식 옵션으로 기업 성공에 대한 보상이 이뤄집니다. 이는 기업 내부의 열정과 동기부여를 높여 효율적이고 창의적인 조직문화를 유지하는 데에 기여합니다.

이 같은 교과서적인 이유 외에 결국 핵심은 돈과 관련 있습니다. 현재 상장을 준비 중인 모 회사 오너 아들과 나눈 대화에 따르면 기업을 비상장 상태에서 매각하는 것보다 상장 상태에서 매각하면 3배 더 높은 가격을 받을 수 있다고 합니다. 상장을 통해 환금성이 높아지기 때문입니다.

기업이 상장을 꿈꾸는 이유는 알아봤고, 이제 기업 경영진 입장에서 여러 상장 방식 중 스팩 상장을 추진하는 이유에 대해서 알아보겠습니다. 비공개 기업은 자체적으로 기업공개를 통해 자금을 조달하고 상장할 수 있습니다. 그러나 이런 과정은 많은 비용과 시간이 소요되는 복잡한 일입니다. 대기업은 상장 경험이 있는 전문 조직을 보유하고 있지만, 신생 중소업체 현실은 그렇지 않습니다.

스팩 상장은 기존 IPO와는 달리, 비공개 기업들이 스스로 IPO를 진행하지 않고, 이미 상장된 스팩과 합병해 공개 기업이 될 수 있는 특별한 방식입니다. 이는 비공개 기업이 자금을 모으는 번거로운 절차와 비용을 피할 수 있다는 장점이 있습니다. 또, 스팩 합병은 기업 인수합병 등의 투자 업무에 전문성을 가진 경영진에 의해 이뤄져, 인수 대상 회사의 경영은 기존 경영진에게 그대로 위임되는 경우가 많습니다. 경영권이 바뀌더라도 인수 대상 회사의 기존 대주주나 경영진은 대부분 그대로 유지됩니다. 따라서 스팩으로 투자받는 인수 대상 회사는 대규모 신규 자금을 유입하면서 경영권을 유지할 수 있는 장점이 있습니다.

기업이 상장을 꿈꾸는 이유에 대해서 굳이 언급한 이유가 있습니다. 시장은 늘 새로운 것을 좋아하고, 새로운 것에 환상을 가지고 있습니다. 그리고 이 환상이 주가를 견인하는 원동력이 되기도 합니다. 새로운 회사는 계속 생겨날 것이고, 궁극적으로 상장을 시도할 것입니다. 즉, 우리나라가 자본주의를 포기하지 않는 이상 신규 상장 회사에 대한 기회는 계속 올 것입니다.

스팩 상장과 우회상장의 차이점

우회상장은 일반적으로 비상장 기업이 상장된 기업과의 합병으로 증권시장에 진입하는 방식을 말합니다. 스팩은 이러한 우회상장의 한 형태지만 몇 가지 차이가 있습니다.

첫째, 보통 우회상장은 경영권이 약화되거나 자금난에 시달리는 기업의 합병 수단으로 활용됩니다. 이는 Shell로 이용돼, 기업이 증시에서 철수하는 과정이 늦어져 시장 건전성이 훼손될 우려가 있습니다. Shell은 합병 과정에서 껍데기 기업이 되는 상장 회사를 의미합니다. 반면,

스팩은 현금을 보유한 회사로 재무구조가 투명해, 상장 이후 스팩이 우회상장 Shell로 사용돼도 시장 건전성을 해칠 우려가 적습니다.

둘째, 보통 우회상장은 상장 기업과 비상장 기업 간의 역합병 등을 통해 비상장 기업이 자동으로 상장되는 효과가 있습니다. 이로 인해 부실 비상장 기업이 적격성 심사를 거치지 않고 시장에 진입할 수 있습니다. 반면 스팩은 주로 우량한 비상장 기업을 인수합병 대상으로 선택해, 부실한 기업이 시장에 진입할 가능성이 낮습니다. 특히 한국형 스팩은 비상장 기업 합병 시에 비상장 기업에 대한 적격성 심사가 이뤄져 부실기업이 시장에 진입할 수 없게 합니다.

셋째, 일반적인 우회상장은 상장기업의 지분 및 경영권 양도 등이 수반되는 과정에서 인수 회사와 대상 회사 경영진이 차익 실현을 하려는 통모 우려가 있습니다. 이로 인해 시세 조작 및 불공정 거래 가능성이 높아집니다. 스팩은 합병 대상 회사를 미리 선정하는 것이 금지돼 있어, 인수 회사와 대상 회사 경영진 간의 사전 협의가 상대적으로 어렵습니다.

물론 모든 규칙에는 예외가 있습니다. 2014년 7월 23일에 상장된 미래에셋제2호스팩이 콜마비엔에이치와의 합병에서 사전 공모로 67억 원의 불법 이득을 챙겼다는 사실이 뒤늦게 드러났습니다. 모든 관련자가 구속됐으며, 부당 이익은 환수 조치됐습니다. 이 사건은 시가총액이 상대적으로 낮은 스팩 특성상, 특정 세력의 시세 조작에 취약하다는 점을 보여줍니다. 이는 도덕적으로 바람직하지 않지만, 합병 이후 스팩 주가가 왜 급등하는지를 이해하는 데 도움이 됩니다.

넷째, 일반적인 우회상장에서는 비상장 기업의 최대 주주 그룹이

상장 기업의 주식 및 경영권을 인수하기 위해 상당한 자금을 투입하는 경우가 많습니다. 이로 인해 M&A 이후에는 새로운 경영진이 자금 회수를 위해 횡령이나 배임 같은 부정행위를 할 우려가 있거나, 단기간 내에 회사를 재매각하는 등 정상적인 기업 활동이 어려울 수 있습니다.

스팩은 특정 대주주가 없어 합병 대상 법인의 대주주가 경영권을 확보하기 위해 대규모 자금을 투입할 필요가 없습니다. 덕분에 우회상장에서 M&A 이후에 발생하는 부작용을 예방할 수 있습니다.

2016년 장외에서 매수한 바이오 A기업은 신약 개발 성공 이후 여러 번 IPO를 시도했지만, 대표의 과거 부도 이력 등으로 번번이 실패했습니다. 이후 A기업은 본업과 관련 없는 게임이나 원전 설비 같은 이미 상장된 부실 회사를 인수해 우회상장을 시도했습니다. 7년의 시도 끝에 2022년 8월 드디어 우회상장에 성공했지만, 불과 3개월 뒤인 11월, A기업은 3:1 감자를 발표합니다. 이후 주가는 당연히 급락했습니다.

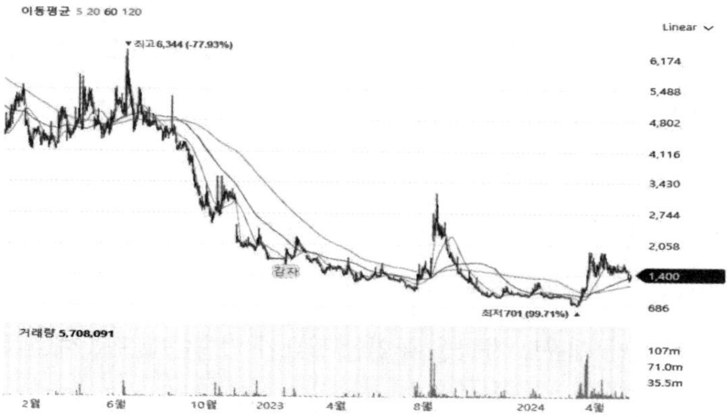

필자가 장외에서 매수해 2022년 우회 상장으로 증시에 입성한 바이오주의 주가

(출처 : Npay증권)

주식 초보자라면 장외주식이나 우회상장을 언급하는 주식은 거르는 게 좋습니다. 긁지 않은 복권을 찾거나, 바닥에서부터 수익을 먹고 싶은 마음은 알겠지만, 직상장을 못 하는 데는 다 이유가 있습니다.

단계별로 알아보는
스팩의 구조

스팩의 단계별 구조를 좀 더 자세히 살펴보겠습니다.

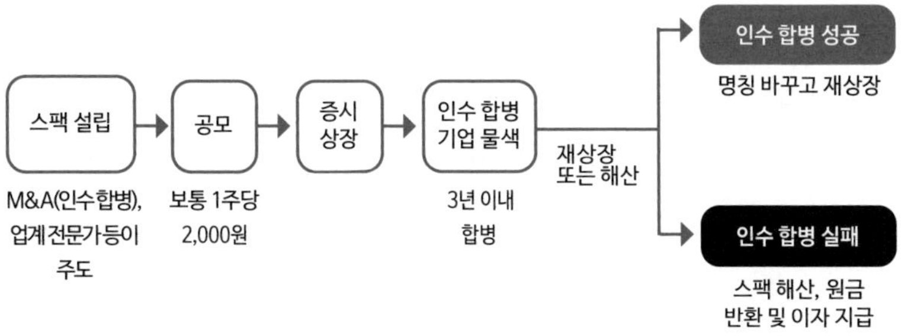

스팩을 이용한 비상장 기업의 상장 절차

1) 설립 단계

설립 단계에서는 소수 발기인이 주식회사 형태의 법인을 만듭니다. 발기인 중 최소 1인은 자본금이 1천억 원 이상인 금융투자업자로 구성돼야 합니다. 이를 보통 '스폰서(Sponsor)'라고 합니다. 보통 주식회사를 설립할 때는 발기인 자격에 특별한 제한이 없는 경우가 많지만, 스팩은 금융투자업자인 발기인을 스폰서로 설정하고, 그에 대한 자격요건을 부여합니다. 우리나라에서는 대형 증권사가 스팩 스폰서로 참여해, 스팩이 금융 시장에서 안정적으로 운영되고 투자자에게 신뢰를 줄 수 있게 하고 있습니다.

스팩을 설립할 때 스폰서를 포함한 발기인은 해당 스팩이 공모 전에 발행하는 주식을 인수해 대금을 납입함으로써 스팩의 공모 전 주주가 됩니다. 자본시장과 금융투자업 규정 제1-4조의 2 제5항 제3호에 따르면, 스폰서는 스팩이 발행하는 주식총액의 5% 이상을 의무 보유해야 합니다. 그러나 현행 금융산업의 구조개선을 위한 법률(금산법)에서는 금융 회사(금융투자업자)인 스폰서가 비금융 회사인 스팩의 지분을 일정 비율 이상 보유하는 것을 제한하고 있습니다.

이에 따라, 스폰서는 스팩이 공모 전에 발행하는 주식뿐만 아니라 전환사채를 인수해 5% 이상의 주식 보유를 의무화하는 금융투자업 규정을 준수하고 있습니다. 발기인이 스팩 공모 전에 인수한 주식 대금과 전환사채 대금은 스팩 설립과 운영 과정에서 발생하는 다양한 비용에 사용됩니다. 합병 과정에서 소요되는 각종 비용을 공모자금이 아닌 발기인 비용으로 사용하는 대신, 공모 전에 발기인이 인수한 주식의 가격은 공모가 2,000원짜리 스팩의 경우 보통 주당 천 원으로, 공모가보다 낮은 수준에서 결정됩니다. 발기인이 공모 전에 인수한 전환사채 가액도 주당 천 원으로 공모가보다 낮습니다. 합병 과정에서의 역할과 실패 시 손실에 대한 보상으로 볼 수 있겠죠?

2) IPO 및 상장 단계

스팩은 법인 설립 이후 두 번째 단계에서 상장 절차를 밟습니다. 스팩 상장은 코스피(KOSPI) 시장, 코스닥(KOSDAQ) 시장, 모두에서 가능합니다. 주식시장 상장을 위해 스팩은 법인 설립과 동시에 한국거래소(KRX)에 상장 예비심사청구서를 제출합니다. 스팩은 거래소 상장 예비심사에서 상장 적격성을 인정받아야 일반 투자자(개인 및 기관투자자)를 대상으로 하는 공모를 통해 상장이 가능합니다.

거래소의 상장 적격성 심사를 통과한 스팩은 일반 투자자에게 자금을 모집하는 공모 절차를 거칩니다. 이때 공모가는 주당 2,000원으로 결정되는 것이 일반적입니다. 일반 투자자 대상으로 공모 주식자금 모집이 완료되면 정해진 상장 완료 기한 이내에 거래소 상장 절차를 거쳐 의무적으로 스팩을 상장해야 합니다. 상장 완료 기한 내에 상장을 완료하지 못하면 정관에 따라 스팩은 해산됩니다. 상장 완료 기한은 공모 주식자금 모집 완료일로부터 90일 이내입니다.

스팩이 상장되면 주식시장에서 자유롭게 거래할 수 있습니다. 이에 따라 스팩의 공모 전 주주는 스팩 설립에 참여한 발기인으로만 구성되지만, 공모 후 주주는 공모를 통해 스팩 주식을 인수한 일반 투자자, 공모에 참여하지 않았지만, 상장 이후 주식시장에서 스팩 주식을 취득한 일반 투자자 등으로 구성됩니다. 스팩의 공모 전 주주는 주주총회에서 합병과 관련된 의결권이 없지만, 공모 후 주주는 의결권이 부여됩니다.

스폰서를 포함한 스팩의 발기인도 일반 투자자와 마찬가지로 상장 이후 주식시장에서 매매를 통해 스팩 주식을 취득할 수 있어, 공모 후 주주 일원이 될 수 있습니다. 다만, 2014년 6월 이전까지는 스팩 발기인이 공모 후에 취득한 주식은 합병과 관련한 의결권이 제한됐습니다. 그러나 2014년 6월 '기업 상장 활성화를 위한 규제 합리화 추진' 방안 발표 이후에는 스팩 상장 이후 발기인이 주식시장에서 매매로 취득한 주식에 대해서도 의결권이 인정됐습니다. 따라서 합병과 관련해 의결권이 제한되는 주식은 발기인이 공모 전에 스팩 설립 당시 인수한 주식으로 국한됐습니다.

3) 합병 단계

스팩은 세 번째이자 마지막 단계에서 비상장 기업을 탐색해 해당 기업을 주식시장에 합병 상장하는 작업을 수행합니다. 우리나라의 경우, 비상장 기업과의 합병을 위해 스팩에 부여된 합병 완료 기한은 상장 완료 이후 36개월 이내로 정해져 있습니다. 스팩은 합병 완료 기한 내에 합병할 비상장 기업을 찾는데, 합병 대상 기업은 발기인(스폰서 포함)과 이해관계가 없으며, 공모 예치 자금의 80% 이상의 가치를 지닌 법인을 전제로 합니다. 공모 예치 자금은 스팩이 공모를 통해 일반 투자자에게 모집한 주식 대금 중 일정 금액을 금융 회사에 예치하거나 신탁하는 자금을 의미하며 비상장 기업과의 합병 비용으로 활용됩니다.

합병 대상 기업이 결정되면 스팩은 합병 대상 기업과 합병 조건, 주식 배분 비율 등을 협의한 뒤 이사회에서 합병을 결의합니다. 합병과 관련된 내용은 스팩 주식의 가격에 영향을 미칠 수 있기에 거래소를 통해 공시되기 전까지 외부 공개가 금지됩니다.

정해진 기한 내에 합병에 실패한 스팩은 청산 과정을 거쳐 상장폐지됩니다. 스팩은 이사회에서 합병이 결의되면 합병과 관련된 내용을 거래소에 공시하며, 합병 대상 기업의 상장 적격성(합병상장) 심사를 위한 상장 예비심사청구서를 거래소에 제출합니다. 합병 공시와 동시에 스팩 주식은 거래 정지되며, 거래소 합병상장 승인을 얻은 후에 매매가 재개됩니다. 반면, 합병상장에 대한 거래소의 부적격 판정이 나오면, 스팩 주식의 매매정지는 합병 대상 기업과의 합병 절차 중단 시까지 유지됩니다.

2010년 첫 상장 이후 현재까지 합병 심사를 신청한 전체 스팩의 상장예비심사는 평균 87일이 소요됐습니다. 빠르면 34일 내에도 심사가 끝날 수 있고, 심사가 늦어지면 최대 205일 이상 걸릴 수도 있습니다. 거래소의 상장예비심사 결과, 스팩과 비상장 기업 간의 합병상장에 대한 적격성이 인정되면 스팩은 주주총회를 열어 주주 찬반을 통해 합병 승인 여부를 결정합니다. 주주총회에서 합병 승인은 출석 주주 의결권의 2/3 이상 찬성, 총 발행주식 수의 1/3 이상 찬성이 필요합니다. 이때 공모 전 주주는 앞서 언급한 바와 같이 이해 상충 방지 차원에서 합병과 관련된 의결권이 제한됩니다. 이에 따라 주주총회에서 합병이 승인되면 스팩은 2주 이내에 합병등기를 완료해야 하며, 피합병 기업으로의 명의변경을 통해 합병 절차가 완료됩니다.

합병에 반대하는 공모 후 주주는 합병 반대 의사를 표명하고, 주식매수청구권을 행사할 수 있습니다. 주식매수청구권은 합병에 반대하는 주주가 스팩을 상대로 자신이 보유한 주식을 일정 가격으로 매수할 것을 요구하는 권리입니다. 주식매수청구권은 스팩 주식에 투자하는 일반 투자자를 보호하려는 취지에서 도입한 장치지만, 합병에 반대하는 주주가 너무 많아지면 주식매수청구권 행사 금액이 크게 증가해 합병 비용 부족으로 합병이 무산되는 경우가 발생할 수도 있습니다.

스팩의
투자자 보호 장치

국내 스팩은 투자자를 보호하기 위한 몇 가지 장치가 운영되고 있습니다.

첫째, 스팩은 공모를 통해 일반 투자자에게 모집한 자금(공모 주식 자금)의 90% 이상을 공모 주식 자금 납입일의 다음 영업일까지 금융 회사에 예치하거나 신탁해야 합니다. 이것을 공모 예치 자금이라고 합니다. 앞서 설명한 바와 같이 스팩은 상장 이후 36개월 이내에 비상장 기업과 합병을 완료해야 하며, 정해진 완료 기한 내에 합병에 실패하면 청산과 동시에 상장폐지됩니다.

일반적인 주식 투자자는 투자한 기업의 주식이 상장폐지되면 투자 원금을 상실합니다. 그러나 스팩은 상장이 폐지돼도 공모(스팩 상장) 후 주주는 스팩 청산 과정에서 공모가 수준의 투자 원금을 보전받을 수 있을 뿐만 아니라 상장 이후, 폐지 이전까지 발생하는 이자도 받을 수 있습니다. 따라서 공모를 통한 스팩 투자는 일반 주식 투자보다 안전하다고 할 수 있습니다.

다만, 이러한 안정성은 투자자가 공모를 통해 매입한 주식을 스팩의 상장폐지일까지 보유한 경우에만 해당됩니다. 스팩은 상장 이후 일정 기간이 지나면 주식시장에서 자유롭게 거래할 수 있습니다. 공모로 스팩을 매입한 투자자가 해당 주식을 상장폐지 전에 공모가 보다 낮은 가격에 매도하면 손실이 발생합니다. 또, 공모에 참여하지 않고 스팩 상장 이후 주식시장에서 공모가 보다 높은 가격에 주식을 매입해 상장폐지까지 보유하는 경우에도 손실이 발생할 수 있습니다. 스팩 상장폐지를 위한 청산 과정에서 공모 후 주주에게 반환되는 자금의 주당 가격은 공모가에 해당 기간까지 발생한 이자를 더한 수준에서 결정되기 때문입니다.

둘째, 스팩은 공모 예치 자금을 합병 대상 기업과의 합병 완료 이전에 인출하거나 차입을 위한 담보로 활용할 수 없습니다. 공모 예치 자금을 합병 완료 이전에 사용하면 상장폐지 시 주주에게 상환해야 하는 자금이나 비상장 기업과의 합병 시 합병에 반대하는 주주에게 상환해야 하는 자금(주식매수청구권 행사 자금)이 부족해질 우려가 있기 때문입니다. 또, 상장 이후 스팩 차입이 허용되면 스팩 경영진의 과도한 차입으로 스팩이 부실화될 위험이 높아질 수 있습니다.

스팩은 설립이나 공모 단계에서 피합병 기업을 사전에 특정해 탐색하는 것이 금지돼 있습니다. 따라서 스팩 공모에 참여하는 일반 투자자는 주로 스폰서의 이력이나 회사 규모 등 제한된 정보에 의존해 투자 여부를 결정해야 합니다. 최근에는 거래소가 스팩 공모 단계에서부터 합병 대상 업종이나 특성 등에 대한 정보 제공을 허용하고 있지만, 정보의 비대칭성이 완전히 해소된 것은 아닙니다.

이러한 상황에서 스팩의 재무 건전성을 유지하고 공모 예치 자금의 안전성과 충분성을 확보하는 것은 스팩의 일반 주주 보호 차원에서 중요하다고 할 수 있습니다. 이를 통해 투자자는 공모에 참여해도 안전하게 투자할 수 있게 보호되며, 스팩이 합병 과정에서 적절한 자금을 확보해 투자자 권익을 지킬 수 있습니다.

법적으로는 공모자금의 90% 이상을 예치하게 돼 있지만, 현재 국내에서 거래되고 있는 스팩은 공모자금의 100%를 예치하고 있습니다. 하지만, 가장 확실한 것은 스팩별 증권 발행 실적 보고서를 확인하는 것입니다. 스팩 투자를 한다면 매수 버튼 클릭 전에 반드시 확인해 봐야 합니다. 증권 발행 실적 보고서에서 'VI. 조달된 자금의 사용 내역'에서 다음과 같은 내용을 확인할 수 있습니다.

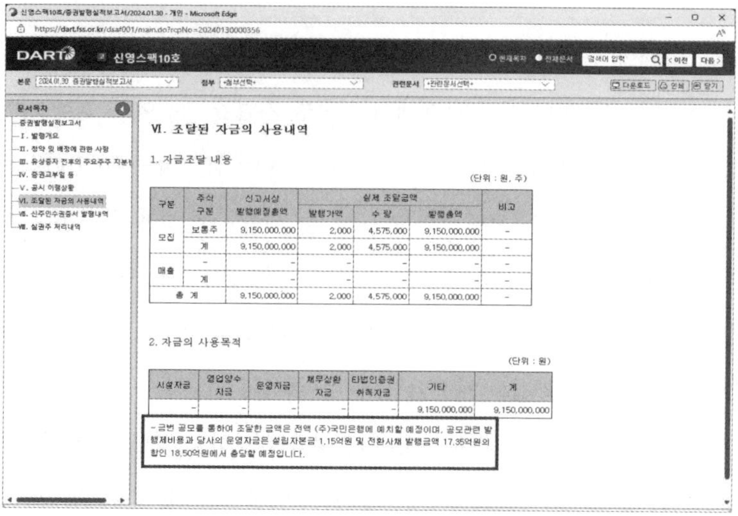

VI. 조달된 자금의 사용내역

1. 자금조달 내용

(단위 : 원, 주)

구분	주식 구분	신고서상 발행예정총액	실제 조달금액			비고
			발행가액	수 량	발행총액	
모집	보통주	9,150,000,000	2,000	4,575,000	9,150,000,000	-
	계	9,150,000,000	2,000	4,575,000	9,150,000,000	-
매출	-	-	-	-	-	-
	계	-	-	-	-	-
총 계		9,150,000,000	2,000	4,575,000	9,150,000,000	-

2. 자금의 사용목적

(단위 : 원)

시설자금	영업양수 자금	운영자금	채무상환 자금	타법인증권 취득자금	기타	계
-	-	-	-	-	9,150,000,000	9,150,000,000

- 금번 공모를 통하여 조달한 금액은 전액 (주)국민은행에 예치할 예정이며, 공모관련 발행제비용과 당사의 운영자금은 설립자본금 1.15억원 및 전환사채 발행금액 17.35억원의 합인 18.50억원에서 충당할 예정입니다.

'공모자금 전액을 국민은행에 예치할 예정'임을 확인할 수 있는 신영스팩10호의 증권 발행 실적 보고서(출처 : DART)

셋째, 주식매수청구권도 스팩 투자자를 보호하는 중요한 장치입니다. 공모가에 스팩을 매수해도 합병 승인 이후 주가가 공모가를 하회할 수 있습니다. 이러한 경우에는 일반 투자자도 손실을 입을 수 있습니다.

이는 합병하는 회사가 불량하거나, 합병 비율이 현저하게 불리한 경우 발생합니다. 실제로 2010년 이후 국내 증시에 상장해 합병에 성공한 153개 스팩 중 18개가 주식매수청구권 종료일 기준 공모가보다 낮은 주가를 형성했습니다. 이런 현상은 스팩을 발행하는 발기인의 특권 때문입니다. 발기인은 합병회사를 찾고, 합병을 주도하는 대신 공모가의 반값인 천 원에 스팩을 취득합니다. 물론 발기인에게 특권만 있는 것은 아닙니다. 일반 투자자와는 달리 합병에 실패하면 발기인은 초기 투자금 전액을 돌려받지 못합니다. 이는 회사 운영 과정에 발생한 비용을 발기인 비용으로 처리하기 때문입니다. 이런 스팩의 구조적 특성 때문에 발기인은 불량한 회사라도 합병을 성공시키고 싶어 합니다. 합병한 회사의 주가가 공모가만 가도 100%에 가까운 수익을 얻을 수 있기 때문입니다.

이러한 구조적인 문제에서 일반 투자자를 보호하는 장치가 바로 주식매수청구권입니다. 주식매수청구권은 스팩이 합병에 성공할 경우 일반 투자자가 상장 이후 매수한 주식에 대해 공모가에 해당 기간 동안의 이자를 고려해 대신 매수해 주는 권리입니다. 간단히 말해서 합병 발표 이후 주가가 공모가보다 낮다면, 일반 투자자는 합병에 반대하고 주식매수청구권을 사용해 공모가에 이자를 더한 값을 돌려받을 수 있습니다.

일반 투자자의 투자 원금을 지켜주는 주식매수청구권은 유효기간과 자격 조건이 있습니다.

먼저, 합병 반대 의사를 표현한 주주가 해당 권리를 사용할 수 있기 때문에 합병 반대 의사를 표현하는 마지막 날이 실질적인 유효기간이라 할 수 있습니다. 합병 반대의사 및 주식 매수 청구 일정(기간)은 합병 결정 공시에 명기돼 있으며, 본인이 사용하고 있는 증권사에서 일정과 방법에 대해 안내 문자도 발송해 줍니다. 합병 반대 의사를 표시하는 상세 방법은 2장에 담았습니다.

〈 **한국투자증권**
3월 28일, 오후 4:42

하나금융25호스팩 반대의사 일정안내

[Web발신]
[한국투자증권] 하나금융25호스팩(435620) 반대의사 &
매수청구 일정안내

안녕하세요 고객님, LMS 내용 보시고 일정에 참고
바랍니다.

- 반대의사기간: 2024.03.28 ~ 2024.04.09
(오후3시까지)
- 매수청구기간: 2024.04.15 ~ 2024.04.30
(오후3시까지)

※ 주식매수청구가격: 10,578원
결제기준 매수청구 인정기준일: 2023.05.26

※ 주식매수청구권 행사하실 고객님은 반대의사 신청을 꼭
하셔야 합니다. (유선 또는 온라인에서 신청가능)

※ 온라인 신청방법
- HTS(eFriend Plus) : 인터넷뱅킹-> 반대의사/
매수청구-> [7348]반대의사 및 매수청구 신청
- 홈페이지 : 뱅킹/청약/대출-> 청약-> 반대의사/
매수청구 관리-> 반대의사/매수청구 신청
- 모바일 APP 에서는 반대의사 신청 불가 합니다.

합병 예정 스팩의 합병 반대 의사 일정 안내 문자(출처 : 한국투자증권)

두 번째 자격 조건은 합병에 관한 이사회 결의 사실이 공시되기 이전에 취득한 주식이어야 한다는 것입니다. 회사 합병에 대한 이사회 결의가 끝난 이후에 매수한 주식은 주식매수청구권 사용 권리가 없습니다. 즉, 원금 보장이 불가능한 주식입니다.

주식매수청구권을 사용하는 판단 기준은 간단합니다. 바로 주가입니다. 복잡한 합병 비율 등을 고민할 필요가 없습니다. 합병 승인 이후 주가가 주식매수청구 예정 가격보다 낮다면 주식매수청구권을 사용하고, 주가가 높다면 장에서 매도하면 됩니다.

스팩 투자의 장점은 단순함에 있습니다. 저는 스팩 투자를 할 때 합병될 회사의 전망이나, 합병 비율에는 관심이 없습니다. 분석할 능력도 없고, 공부한다고 해서 주가를 올릴 수 있는 것도 아닙니다. 분석 결과가 좋아 보여도 세력이나 시장이 주가를 움직이지 않으면 아무 의미가 없습니다.

합병 심사를 통과한 후에는 시장이 결정하는 주가에 따라 대응하면 됩니다. 주면 먹고, 안 주면 주식매수청구권을 사용해서 손실 없이 엑시트(Exit)하면 그만입니다.

주식 투자에서는 무작정 무언가를 열심히 하는 것이 계좌를 불려주지 않습니다. 스팩 투자 카페를 운영하다 보면 스팩을 이용해서 원금 손실 없이 투자하는 방법보다는 합병회사의 조건, 합병 비율 등에 대해 너무 깊게 알려고 해 어렵게 느끼는 분이 종종 있습니다. 부동산에 투자하기 전에 공인중개사 공부를 해야 한다고 생각하는 사람과 같다고 할까요? 공부해서 나쁠 건 없지만 투자도 하기 전에 지쳐버리는 것이 문제입니다. 사실 시간도 아깝습니다. 그 시간에 내 본업이나, 자신의 가치를 올리기 위해 투자하는 것이 훨씬 더 생산적입니다.

넷째, 스팩의 발기인(스폰서 포함)에게는 주식 매각 제한 요건이 적용돼 있습니다. 이 제한 요건은 스팩의 발기인이 공모 전에 인수한 주식과 전환사채에 적용되며, 합병 상장 이후 6개월 동안 매각이 제한됩니다. 주식 매각 제한 요건은 발기인의 주식 매각을 일정 기간 금지해 신주 가치가 희석되는 것을 막는 것이 목적입니다.

스팩과 피합병 기업 간의 합병이 주주총회에서 승인되면, 스팩의 주주(발기인과 합병에 찬성한 일반 주주)는 합병에 따라 기존 주식을 새로 발행되는 신주와 1:1 비율로 교환해 보유하게 됩니다. 이로써 스팩 발기인은 공모 전에 취득한 주식과 전환사채 규모에 따라 상당량의 신주를 보유하게 됩니다. 이러한 상황에서 스팩 발기인이 합병 직후 주식시장에서 신주를 대거 매각하면, 신주 가격이 큰 폭으로 하락해 합병 찬성에 따라 신주를 보유하게 된 일반 투자자가 피해를 입을 수 있습니다. 스팩 발기인에게 적용되는 주식 매각 제한 요건은 합병 상장 이후 일정 기간 스팩 발기인의 주식 매각을 금지해 신주 가치가 희석되는 것을 제한합니다.

주식매각 제한 요건은 일반적으로 합병 상장 이후 6개월 동안 적용되며, 합병 가액이 특정 조건에 따라 산출되는 경우에는 이 기간이 1년까지 연장될 수 있습니다. 이로써 일반 투자자는 주식시장에서 특정 시기에 대량의 주식이 매각돼 가격이 급락하는 상황을 최소화하고 투자 보호를 받을 수 있습니다.

믿을 수 있는 건
유튜버도 전문가도 아닌 법

2024년, 홍콩 항셍 지수를 기초 자산으로 하는 ELS(주가연계증권)가 홍콩 증시 하락으로 큰 손실이 발생했습니다. 안전하다는 은행 직원 말만 믿고 가입한 사람은 큰 손실을 입었고, 불완전 판매가 사회적 이슈로 부상했습니다. 특히 손실을 입은 사람 가운데는 노년층이 상당한 비중을 차지해 더욱 안타까웠습니다.

은행이나 증권사의 잘못이 있음에도 불구하고, 최종 계약서에 사인하면 결국 개인 책임입니다. 약관과 계약서를 제대로 읽어보고 리스크를 이해했다면 애초에 ELS에 가입하지 않았을 것입니다. 대다수 사람은 어려운 용어가 가득한 금융 상품 약관이나 계약서 읽기를 꺼리는 경향이 있습니다. 금융 전문 용어와 조건이 이해하기 어렵기 때문입니다. 어쩌면 이는 전문가들의 전략 중 하나일 수 있습니다. 복잡하고 귀찮아야 필요성이 생기겠죠?

대중은 전문가가 어려운 내용을 쉽게 설명해 주기를 바라지만, 전문가는 상품을 판매하는 입장이기도 합니다. 따라서 그들은 종종 상품 위험을 최소화하고 혜택만 강조합니다. 소중한 내 자산을 지키기 위해서는 결국 내가 알아야 합니다. 모르는 것은 알 때까지 안 하면 됩니다.

스팩 역시 마찬가지입니다. 앞에서 살펴본 스팩의 투자자 보호 장치가 강제성 없는 특정 기업의 선언에 불과하다면 확신을 가지고 큰돈을 투자할 수 없겠죠? '유가증권·코스닥 시장 상장 규정'과 '자본시장과 금융투자업에 관한 법률'에 스팩에 관한 요건이 상세히 나와 있습니다. 소중한 내 돈을 지키기 위해서 투자 결정을 내리기 전에 찾아봐야 할 것은 유튜버나 전문가 의견이 아닌 관련 법입니다.

유가증권시장 상장 규정 제68조 9항(신규 상장 심사 요건), 코스닥시장 상장 규정 제70조(기업인수목적회사주식의 신규 상장 심사 요건) 9항에 공모자금의 예치 의무 및 담보 금지, 그리고 합병에 실패해 상장폐지되는 경우 신탁된 자금을 일반 투자자에게 돌려주는 것을 정관으로 할 것을 명시하고 있습니다. 주식매수청구권과 관련해서는 자본시장과 금융투자업에 관한 법률 제165조의 5(주식매수청구권의 특례)에 규정돼 있습니다.

스팩 합병 반대 의사 표시 - 주식매수청구권 사용 방법

스팩 합병 후 상장 심사 통과 시 거래가 재개되며, 일반적으로 주가 상승이 기대되지만, 항상 예외가 있기 마련입니다. 2010년 국내에서 첫 스팩이 탄생한 이후 2024년 6월 8일 기준, 총 153개 스팩이 합병에 성공했습니다. 153개 스팩 중 123개는 주식매수청구권 종료일 종가가 주식매수청구권 행사가격보다 높았지만, 30개 스팩은 주식매수청구권 행사가격보다 낮았습니다. 즉, 20% 확률로 주식매수청구권을 사용해야 하는 상황이 발생했다는 소리입니다. 뽑기 운이 좋아서 이런 경우가

안 생기면 좋겠지만, 발생할 경우 대처 방법을 알고 있어야 당황하지 않습니다.

구체적으로 합병 반대와 주식매수청구권을 사용하는 방법을 알아보겠습니다. 대부분 증권사 MTS에는 합병 반대 의사를 표시할 수 있는 기능이 없습니다. 그렇다고 실제 종이 서류를 스팩 회사에 보내는 것은 아닙니다. 스팩을 보유하고 있는 증권사의 HTS나 홈페이지에 들어가면 해당 기능이 활성화돼 있습니다. 제가 사용하는 한국투자증권의 경우 뱅킹/청약/대출 → 청약 → 반대 의사/매수청구 관리 → 조회로 이동하면 됩니다.

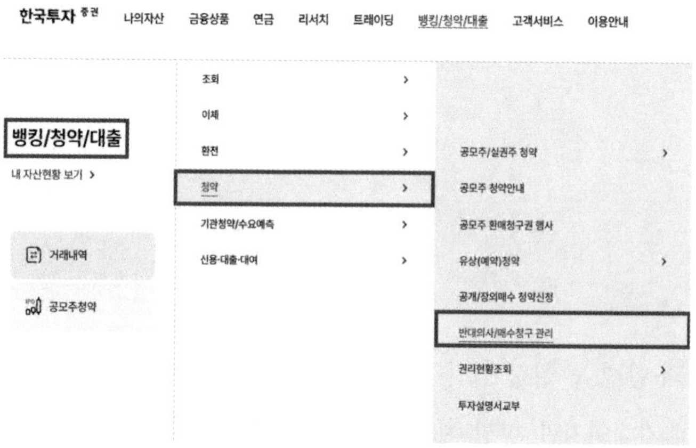

한국투자증권 홈페이지 뱅킹/청약/대출 경로(출처 : 한국투자증권 홈페이지)

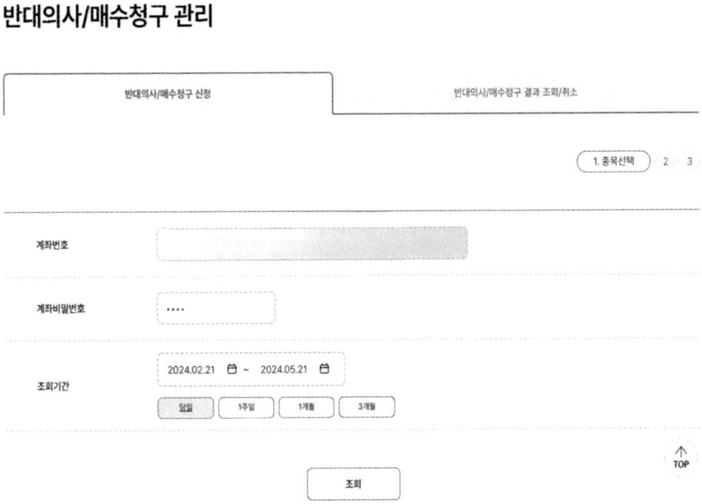

한국투자증권 홈페이지 반대 의사/매수청구 관리 화면(출처 : 한국투자증권 홈페이지)

조회 결과 내역

이용안내

종목번호 / 종목명	주식구분 / 기준일	반대의사 시작일 / 반대의사 종료일	일반 보유수량 / 유통 보유수량	반대의사 신청	매수청구 시작일 / 매수청구 종료일	매수청구 가격	매수청구가능수량 일반	매수청구가능수량 유통	매수청구 신청	이사회결의 공시내용
391060	보통주	2024.01.19	498	신청	2024.02.26	10,580	0	0	신청	조회
엔에이치스팩20호	2024.01.18	2024.02.21	0		9999.12.29					
435620	보통주	2024.03.06	393	신청	2999.12.29	10,578	0	0	신청	조회
하나금융25호스팩	2024.03.05	2024.04.09	0		2999.12.29					

한국투자증권 홈페이지 반대 의사 조회 결과 화면(출처 : 한국투자증권 홈페이지)

주식매수청구권을 사용하기 위해서는 기한 내에 합병 반대 의사를 먼저 신청해야 합니다. 소중한 내 돈을 지키기 위해서는 합병 승인 이후의 주가가 주식매수청구권 가격보다 낮다면, 일단 합병 반대 의사를 표시해야 합니다. 이후에 주가가 상승한다면 시장에서 매도해서 수익을 실현하면 됩니다. 반대로 주식매수청구권 종료일까지 주가의 반전 기미가 없다면 주식매수청구권을 사용하면 됩니다.

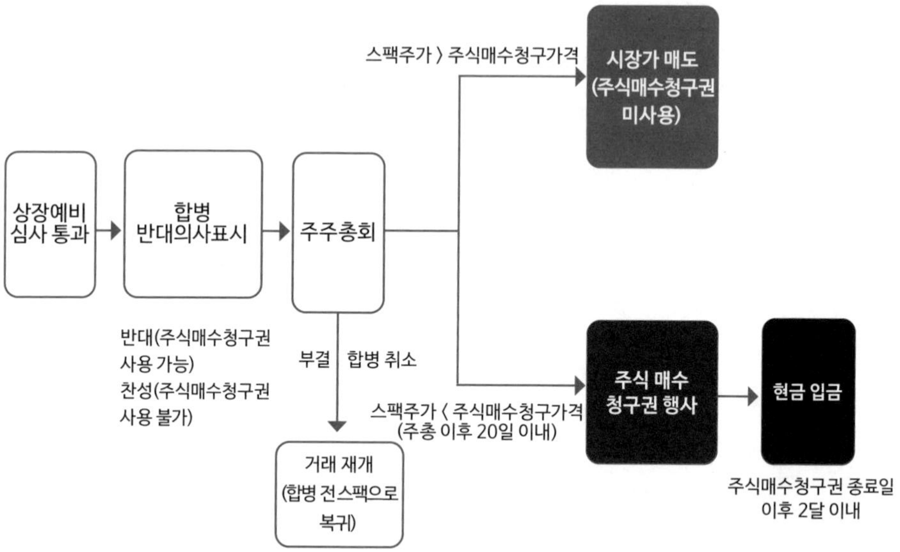

상장 예비 심사 통과 이후 주식매수청구권 행사 여부를 결정하는 프로세스

제가 보유했던 종목 중 엔에이치스팩20호는 합병 승인 이후에도 주가가 공모가를 넘지 못했습니다. 엔에이치스팩20호와 합병을 추진하던 기업 크리에이츠의 고평가 논란 때문이었습니다. 사실, 기업가치 산정의 적정성은 중요하지 않습니다. 아무리 정확하게 기업 가치를 측정해도, 시장이 알아주지 않으면 소용이 없습니다. 결국 주식매수청구권 사용 판단 기준은 주가입니다. 엔에이치스팩20호의 경우 주식매수청구권 행사 가격은 한 주당 10,580원이었고, 2024년 2월 11일 기준 해당 종목의 시장 가격은 한 주당 9,820원이었습니다. 제가 해당 종목을 매입한 가격은 10,208원이었습니다. 공모가 만 원을 넘는 가격이지만, 상장폐지 시 청산 가격보다는 낮은 가격이라 매수했습니다. 시장에서 팔면 한 주당 388원(-3.8%) 손실이지만, 주식매수청구권을 사용해 조금만 더 기다리면 한 주당 372원(+3.6%)의 수익(세전)을 볼 수 있습니다. 이런 상황에서는 원금 손실을 피하기 위해 당연히 합병에 반대하고 주식매수청구권을 사용해야 합니다.

합병 이후 주가 상승에 따른 수익 실현을 추구하는 투자 관점에서 엔에이치스팩20호는 실패한 투자입니다. 하지만 주식매수청구권을 사용해 3.6%의 수익을 챙길 수 있었습니다.

2024년 2월 21일, 엔에이치스팩20호는 합병 승인 표결을 위한 주총을 이틀 앞두고 자진 상장 철회를 선언해, 실제 주식매수청구권을 사용하지는 못했습니다. 재밌는 점은 합병이 취소된 다음 날, 엔에이치스팩20호의 주가가 10,200원대로 회복됐다는 것입니다. 이는 상장폐지가 얼마 남지 않아 청산 수익을 노리는 매수세가 붙은 결과입니다.

2021년 10월 5일에 상장한 엔에이치스팩20호는 2024년 4월에 상장폐지됐습니다. 상장폐지 이후 2024년 8월경, 주당 약 10,600원의 청산 분배금을 받을 수 있습니다. 만약 2024년 2월 22일에 10,200원에 엔에이치스팩20호를 매수했다면, 6개월 뒤 약 3.9%의 수익을 실현할 수 있습니다. 이는 연이율로 환산하면 7.8%에 해당합니다.

Part 03

스팩 투자,
왜 매력적인가?

◇

key point

국민연금연구원의 보고서를 읽어보면 국민연금이 처음부터 스팩의 안전성과 수익률에 관심을 가졌다는 것을 알 수 있습니다. 손실을 최소화해야 하는 국민연금기금이 운용하기에 정말 매력적인 상품이었던 것이죠.

주식 투자에도
멀리건이 있다면?

골프를 즐기는 사람에게 익숙한 용어인 '멀리건'은 실패한 샷에 두 번째 기회를 주는 것을 말합니다. 공식 시합에는 사용되지 않지만, 일반 골퍼 사이에서는 꽤 흔합니다. 골프의 목적이 승부에만 있지 않다 보니 생겨난 관행이 아닐까 합니다. 워낙 일반적인 관행이라 스크린 골프에서도 멀리건이 존재합니다. 멀리건의 개념을 이해했으니, 비슷한 실력을 가진 두 골퍼의 대결을 가정해 보겠습니다.

비슷한 실력을 가진 A와 B가 골프 경기를 벌입니다. A는 홀마다 한 번씩 멀리건을 사용할 수 있고, B는 이 규칙을 적용할 수 없습니다. 두 사람 중 승리자를 맞추는 게임에서 배팅한다면, 어떻게 하시겠습니까?

만약 한 홀 결과, 즉 단판으로 승부를 가린다면, A가 승리할 확률이 높아도 100% 확신을 가지고 큰돈을 배팅하기는 어려울 것입니다. Par 4 기준으로 멀리건을 사용하는 A가 B보다 약 25% 유리하다고 한다면, A와 B가 해당 홀에서 이길 확률은 각각 75%와 25%입니다. A가 이길 확률이 높아도, 단판으로 승부를 가린다면 75%의 확률로는 절대적인 확신을 갖기 어렵습니다.

그러나 18홀 전체 결과로 승부를 가린다면 어떨까요? 확률적인 차이 외에도 지속적인 불공정한 경기로 인해 B의 멘탈이 무너져, 실력을 제대로 발휘하지 못할 것입니다. 이에 따라 A가 이길 확률이 압도적으로 높아집니다. 이러한 경우에는 제법 큰돈을 A에게 배팅할 수 있을 것입니다.

골프에서는 통상 프로와 아마추어가 경기를 하지는 않습니다. 하지만 주식 시장에선 다릅니다. PGA 현역 프로 선수와 생초보가 같은 경기장에서 경쟁하는 주식판에서 멀리건을 사용할 수 있는 투자처가 바로 스팩입니다.

확신을 갖고 투자했던 종목이 예상과 달리 하락하거나, 상장폐지될 경우, 원금을 환불받고 마치 아무 일도 없었던 것처럼 시작할 수 있는 기회가 있습니다. 스팩은 상장폐지 되면, 공모가에 이자를 더해 투자금을 반환합니다. 합병에 성공했으나 합병 이후 주가가 하락하면 주식매수청구권으로 투자를 철회할 수도 있습니다. 이것이 바로 스팩이 제공하는 멀리건입니다. 상장폐지를 당하거나, 주식매수청구권을 사용하면 투자 기간 동안의 시간은 버리겠지만, 적어도 원금은 지킬 수 있습니다.

물론 원금을 지키기 위한 조건이 있습니다. 이는 뒷장에서 상세히 다뤘습니다.

원금을 지킬 수 있는 멀리건이 있는 주식이 수익률도 높다면 꽤 괜찮은 투자 방법이 될 수 있겠죠?

국민연금은 처음부터 알고 있었다 - 2011년 국민연금연구원 보고서

우리나라에 스팩 제도가 처음 도입된 것은 2009년입니다. 관련 법규를 정비하고 2010년 첫 스팩이 상장했습니다. 다음 해인 2011년 국민연금연구원은 '기업인수목적회사와 국민연금기금의 운용 방안'이라는 정책 보고서를 발간했습니다. 보고서의 결론 부문만 발췌하면 다음과 같습니다.

> *"사실 **국내**(스팩) **시장은 전술한 바와 같이 기관투자자보다는 개인투자자 위주의 시장이 형성되었다.** 이는 개인투자자에게 새로운 투자처를 제공한 것은 긍정적으로 받아들일 수 있으나, **국민연금기금의 투자기회를 모색하는 본 보고서의 취지를 고려하건데 아쉬운 대목이다.** 하지만 이미 주요 기관들이 스폰서나 발기인으로 참여가 이루어졌으며, **향후 제도의 발전과 시장상황의 호전 등을 고려하면 기관투자자 위주의 시장이 이루어 지리라 기대해 본다.** 아직 해외기업에 대한 합병 등이 제한되는 등 스팩 시장의 활성화를 위한 제도개선의 여지는 있는 것이 분명하다. 그러나 투자처의 다변화, **위험분산, 안정적인 투자처를 갈구하는 국민연금 기금에 스팩이라는 새로운 금융 패러다임은 향후 투자를 고려하기에 충분한 상품이라고 보여 진다.** 또한 직접적인 투자가 당장 실현 불가능하더라도 미국의 경우처럼 PEF를 통한 간접투자도 좋은 전략이라고 생각된다. 미국 스팩의 많은 기관투자자가 PEF라는 것은 국민연금기금에 많은 시사점을 준다."*

해당 보고서를 읽어보면 국민연금연구원이 처음부터 스팩의 안전성과 수익률에 관심을 가졌다는 것을 알 수 있습니다. 손실을 최소화해야 하는 국민연금기금이 운용하기에 정말 매력적인 상품이었던 것이죠. 하지만 국내 스팩 규모가 대형 기관이 투자를 하기에는 너무 작다는 한계가 있어, 실제 적용은 못 한 것으로 보입니다.

스팩 투자가 쉬운
두 가지 이유

1) 적어도 '싸다'의 기준이 명확하다

주식을 포함한 모두 투자에서 돈을 벌기 위한 기본 원칙은 간단합니다. 싸게 사서 비싸게 팔면 됩니다. 그러나 이 간단한 규칙을 실제로 실행하기는 쉽지 않습니다. 이것을 어렵게 만드는 주요 이유 중 하나는 '싸다'의 판단이 주관적이고 어렵다는 것입니다.

예를 들어, 어떤 기업의 주가가 낮다고 해서 항상 저평가된 것은 아닙니다. 주가가 '싸다'의 기준은 무엇일까요? 최고점 대비 반 토막? 52

주 최저가?

2022년 1월 기준, 2021년 6월 고점 173,000원 대비 52%하락한 카카오의 주가 차트

(출처 : Npay증권)

2021년, 국민주로 불리며 주당 173,000원을 찍었던 카카오는 불과 7개월 만에 82,200원으로 하락했습니다. 고점 대비 52% 하락했으니, 반값이라고 볼 수 있습니다. 그러나 2022년 1월에 반값으로 매수했다면 실제로 싸게 산 것이었을까요?

2022년 1월 82,200원 대비 43% 하락한 2022년 10월의 카카오 주가 차트

(출처 : Npay증권)

잠시 반등했지만, 반값이라 생각했던 82,200원 대비 43% 추가 하락해, 2022년 10월에는 46,500원까지 떨어졌고, 2024년 6월까지도 82,200원을 회복하지 못했습니다. 이처럼 주가는 예측하기 어렵고, 과거의 고점이나 저점만을 기준으로 '싸다'를 판단하기는 어렵습니다.

혹자는 주가수익비율(PER), 주가순자산비율(PBR) 같은 지표를 활용해 저평가 여부를 판단할 수 있다고 말합니다. 그러나 이러한 지표도 결국 상대적 평가에 불과합니다.

PER은 주가를 기업 순이익으로 나눈 비율로, 주가가 기업 수익에 비해 얼마나 고평가 또는 저평가됐는지를 나타냅니다. PBR은 주가를 기업 순자산으로 나눈 비율로, 기업 순자산 대비 주가가 얼마나 싸거나 비싼지를 평가합니다. 그러나 이러한 지표들은 단순히 회계적인 수치를 기반으로 해, 기업 간 비교를 통한 상대적 평가 정도로만 활용될 수 있다는 한계가 있습니다. 또, PER과 PBR은 현재의 회계 수치가 기반이라 미래의 성장 가능성이나 기업의 경영 정책 변화 등을 반영하지는 못합니다. 한 기업의 주가는 국가의 경제 상황, 기업의 경영 정책 변화, 시장의 심리적 요인, 경영 승계 이슈 등 다양한 변수에 영향을 받기 때문에 주가의 적정성을 판단하기는 어렵습니다.

스팩 투자가 쉬운 첫 번째 이유는 '싸다'와 '비싸다'의 기준이 명확하다는 점입니다. 스팩은 '싸다'의 기준이 분명하게 정의돼 있습니다.

3년 이내에 합병에 실패해 상장폐지가 돼도, 스팩은 공모가에 이자를 더한 값을 투자자에게 반환합니다. 예를 들어, 연평균 3% 금리에 공모자금을 예치한 스팩이 상장폐지되면 약 2,185원(2,000원 x 1.03 x 1.03 x 1.03 = 2,185.45원)을 돌려받습니다.(실제 청산 가격 산정 시에는 이자 수익에 대한 세금과 수수료가 발생하지만, 여기서는 이를 생략하고 단순 이해만 하고 넘어가겠습니다.)

이는 원금 손실 위험이 없는 매수 가격이 명확히 정해져 있다는 것을 의미합니다. 그리고 원금 손실이 없는 가격보다 저렴한 가격, 위 예시의 경우 2,185원 아래를 '싸다'라고 정의할 수 있습니다. 이자를 확인하고, 계산하는 것이 귀찮다면 단순히 공모가 이하 가격으로만 매수하면 원금 손실 걱정 없이 투자할 수 있습니다.

주식 투자가 어려운 또 다른 이유는 주가 상승 타이밍을 예측하기 어렵다는 것입니다. 이는 수익을 보기 위해서 얼마나 기다려야 하는지 알 수 없음을 의미합니다. 매수 시점과 가격에 따라 상당 기간 손실을 감수해야 할 수도 있습니다.

2021년은 코로나19로 인한 통화 유동성이 절정이었습니다. 부동산, 코인, 주식 등 모든 자산의 가격이 상승하는 열풍이 불었고, 많은 사람이 투자에 참여했습니다. 대한민국에서 가장 우량기업인 삼성전자 주가도 2021년 1월 96,800원을 기록했습니다. 만약 해당 시점에 추가 상승을 기대하고 매수했다면 어땠을까요?

이후 주가는 지속 하락했고, 2022년 9월에는 51,800원까지 떨어졌습니다. 이후 주가는 일부 회복했지만, 2024년 6월까지 당시 최고점을 돌파하지 못하고 있습니다. 최고점에서 매수한 투자자는 3년이 지났음에도 수익은커녕 본전도 회복하지 못한 상태입니다.

2022년 1월 96,800원 최고점 이후 2024년 6월까지 고점을 회복하지 못한 삼성전자 주가 차트(출처 : Npay증권)

주식이 하락한 후 언제 회복될지는 예측이 어렵습니다. 특히, 하락이 지속되면 기업 내부 상황을 자세히 알 수 없는 개인 투자자는 계속해서 불안과 어려움을 겪게 됩니다. 결혼이나 부동산 매매 같은 중요한 일이 다가오면 더 불안해집니다. 물론, 여유 자금만으로 투자하면 이런 상황이 큰 영향을 미치지 않을 수 있지만, 여유 자금만으로 투자하는 경우는 드뭅니다. 이렇듯 투자에 시간적 제약이 추가되면 불안감은 더욱 커집니다. 이런 상황에서는 어쩔 수 없이 손실 난 종목이라도 매도해야 할 수 있습니다.

2) 투자 기간이 명확하다

스팩은 상장 후 3년 이내에 합병하지 못하면 상장폐지되고, 주주에게는 공모가에 이자를 더한 금액을 돌려줍니다. 이는 최대 3년이라는 명확한 투자 기간을 제시합니다. 이러한 명확한 투자 기간은 자금 운용에 큰 도움을 줍니다.

스팩은 상장폐지되면 공모가에 이자를 돌려주는 특성 덕분에 하락장에서도 주가가 무한히 하락하지 않습니다. 그러므로 3년 내 예상치 못한 지출이 필요한 상황이 발생해도 손실을 제한할 수 있습니다. 이러한 명확한 투자 기간과 하방 리스크 제한은 투자자가 리스크를 관리하고 장기적인 투자 전략을 수립하는 데 도움이 됩니다.

스팩 투자의 매력 1
- 특별했던 10개 종목 차트

아무리 스팩이 안전하다고 해도 예금과 유사한 수익률만 기대할 수 있다면 매력이 없겠죠?

스팩 합병 결정 이후 주식매수청구권이라는 보호 장치가 있는 기간 동안에도 충분히 매력적인 수익률을 기록했던 10개 종목의 차트를 준비해 봤습니다.

1) 윙스풋

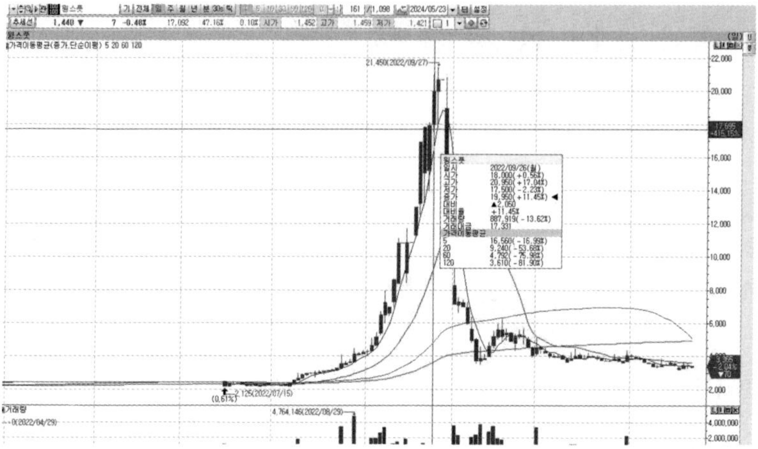

합병 승인 이후 주식매수청구권 종료일 전후 IBKS제12호스팩 주가 차트

(출처 : LS증권 HTS)

- 스팩명 : IBKS제12호스팩
- 상장일 : 2019년 12월 9일
- 합병 신청일 : 2022년 4월 22일
- 주식매수청구권 종료일 : 2022년 9월 26일
- 발행 금액 : 58억 원
- 공모가 : 2,000원
- 주식매수청구권 종료일 종가 : 19,950원(+898%)

2) 콜마비앤에이치

합병 승인 이후 주식매수청구권 종료일 전후 미래에셋제2호스팩 주가 차트

(출처 : LS증권 HTS)

- 스팩명 : 미래에셋제2호스팩
- 상장일 : 2014년 7월 23일
- 합병 신청일 : 2014년 8월 25일
- 주식매수청구권 종료일 : 2014년 12월 29일
- 발행 금액 : 130억 원
- 공모가 : 2,000원
- 주식매수청구권 종료일 종가 : 11,650원(+483%)

3) 엔피

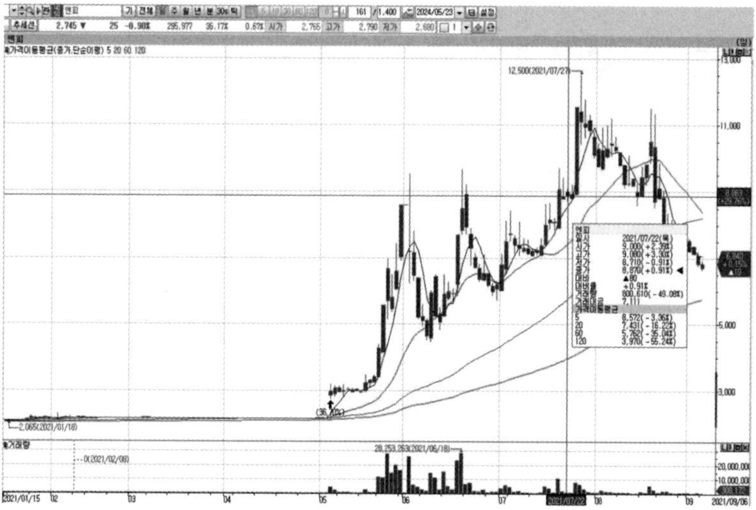

합병 승인 이후 주식매수청구권 종료일 전후 삼성스팩2호 주가 차트

(출처 : LS증권 HTS)

- 스팩명 : 삼성스팩2호
- 상장일 : 2018년 9월 13일
- 합병 신청일 : 2021년 2월 5일
- 주식매수청구권 종료일 : 2021년 7월 22일
- 발행 금액 : 130억 원
- 공모가 : 2,000원
- 주식매수청구권 종료일 종가 : 8,870원(+344%)

4) 지엘팜텍

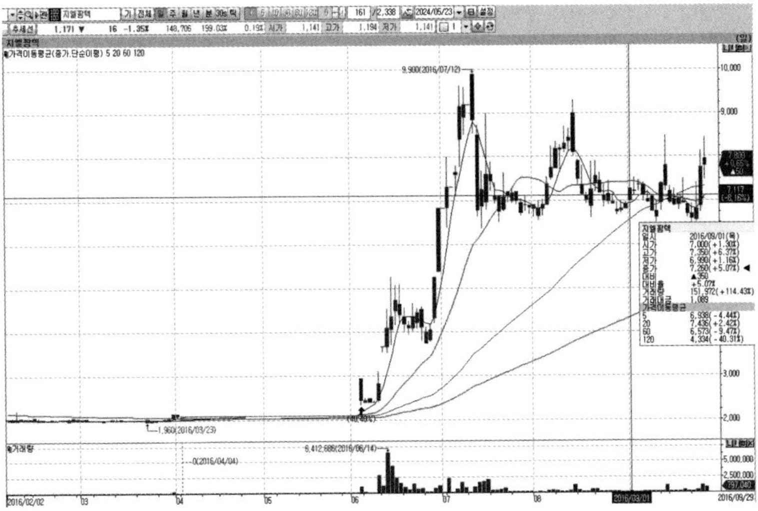

합병 승인 이후 주식매수청구권 종료일 전후 IBKS제2호스팩 주가 차트

(출처 : LS증권 HTS)

- 스팩명 : IBKS제2호스팩
- 상장일 : 2014년 11월 20일
- 합병 신청일 : 2016년 4월 1일
- 주식매수청구권 종료일 : 2016년 9월 1일
- 발행 금액 : 80억 원
- 공모가 : 2,000원
- 주식매수청구권 종료일 종가 : 7,260원(+263%)

5) 스피어파워(프로스테믹스)

합병 승인 이후 주식매수청구권 종료일 전후 케이비제3호스팩 주가 차트

(출처 : LS증권 HTS)

- 스팩명 : 케이비제3호스팩
- 상장일 : 2014년 9월 30일
- 합병 신청일 : 2015년 3월 2일
- 주식매수청구권 종료일 : 2015년 9월 2일
- 발행 금액 : 200억 원
- 공모가 : 2,000원
- 주식매수청구권 종료일 종가 : 6,200원(+210%)

6) 엑셈

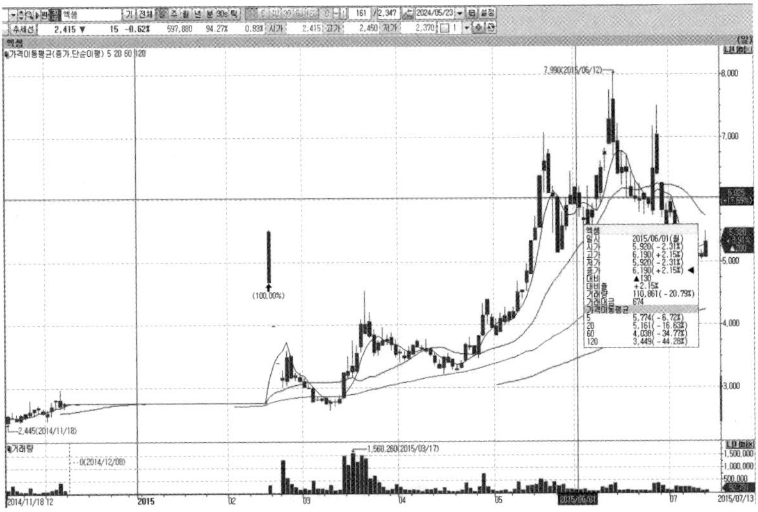

합병 승인 이후 주식매수청구권 종료일 전후 교보위드스팩 주가 차트

(출처 : LS증권 HTS)

- 스팩명 : 교보위드스팩
- 상장일 : 2014년 11월 7일
- 합병 신청일 : 2014년 12월 8일
- 주식매수청구권 종료일 : 2015년 6월 1일
- 발행 금액 : 78억 원
- 공모가 : 2,000원
- 주식매수청구권 종료일 종가 : 6,190원(+210%)

7) 국전약품

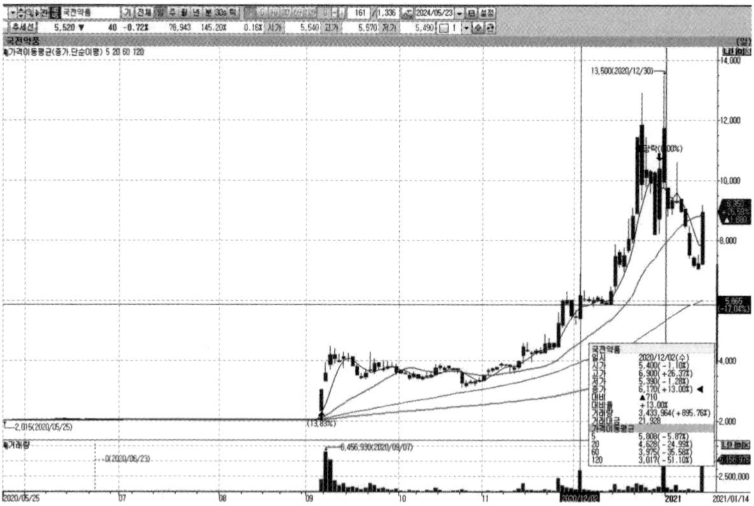

합병 승인 이후 주식매수청구권 종료일 전후 대신밸런스제6호스팩 주가 차트

(출처 : LS증권 HTS)

- 스팩명 : 대신밸런스제6호스팩
- 상장일 : 2018년 12월 19일
- 합병 신청일 : 2020년 6월 23일
- 주식매수청구권 종료일 : 2020년 12월 2일
- 발행 금액 : 90억 원
- 공모가 : 2,000원
- 주식매수청구권 종료일 종가 : 6,170원(+209%)

8) 바디텍메드

합병 승인 이후 주식매수청구권 종료일 전후 엔에이치스팩2호 주가 차트

(출처 : LS증권 HTS)

- 스팩명 : 엔에이치스팩2호
- 상장일 : 2014년 12월 29일
- 합병 신청일 : 2015년 3월 31일
- 주식매수청구권 종료일 : 2015년 8월 17일
- 발행 금액 : 85.4억 원
- 공모가 : 2,000원
- 주식매수청구권 종료일 종가 : 6,160원(+208%)

9) 블리츠웨이

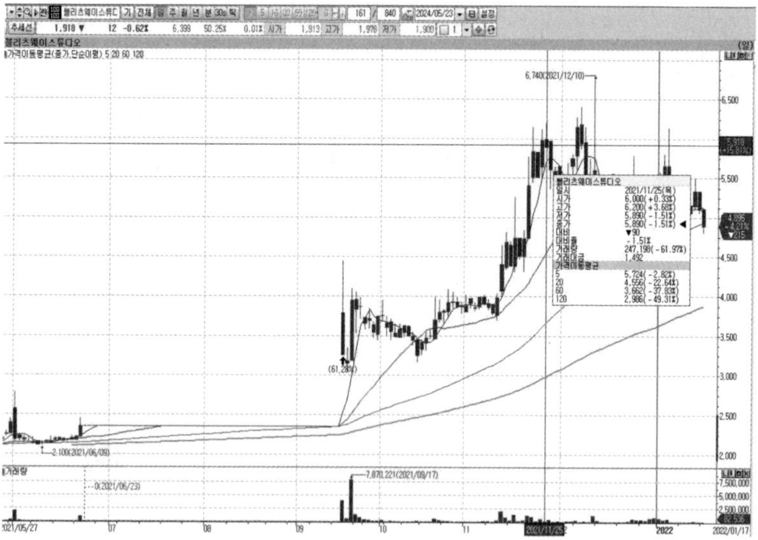

합병 승인 이후 주식매수청구권 종료일 전후 대신밸런스제9호스팩 주가 차트

(출처 : LS증권 HTS)

- 스팩명 : 대신밸런스제9호스팩
- 상장일 : 2020년 12월 23일
- 합병 신청일 : 2021년 6월 23일
- 주식매수청구권 종료일 : 2021년 11월 25일
- 발행 금액 : 70억 원
- 공모가 : 2,000원
- 주식매수청구권 종료일 종가 : 5,890원(+195%)

10) 케이엠제약

합병 승인 이후 주식매수청구권 종료일 전후 IBKS제3호스팩 주가 차트

(출처 : LS증권 HTS)

- 스팩명 : IBKS제3호스팩
- 상장일 : 2015년 10월 8일
- 합병 신청일 : 2018년 2월 28일
- 주식매수청구권 종료일 : 2018년 8월 28일
- 발행 금액 : 80억 원
- 공모가 : 2,000원
- 주식매수청구권 종료일 종가 : 5,880원(+194%)

위 10개 스팩 수익률은 일반 주식이나 코인에 비해 그다지 놀라운 것은 아닐 수 있습니다. 그러나 위 사례들은 모두 몇 가지 원칙만 지킨다면 원금 손실 리스크가 없는 기간 동안 발생했다는 것에 의미가 있습니다. 이는 일반 주식이나 코인에서는 절대 기대하기 힘든 것입니다.

스팩 투자의 매력 2
- 연도별 합병 스팩 수익률

이전 장에서 10개의 특별한 스팩 사례를 살펴봤습니다. 모두 훌륭한 수익률을 기록했지만, 단순히 이 10개 사례만으로 확신하기에는 부족합니다. 2010년 이후에 상장된 스팩의 수익률을 조사해 봤습니다. 용어 정의 및 수익률 산정 기준은 다음과 같습니다.

- 스팩 기간 : 상장 이후 주식매수청구권 종료일까지의 기간
- 수익률 : 공모가에 매수해서 주식매수청구권 종료일 종가에 매도하는 기준

발행년도	총 발행 스팩 (개)	합병/상폐 완료 스팩 (개)	합병 성공 스팩 (개)	합병 성공 비율	합병 성공 스팩 기간 수익률		
					평균	최저	최대
2010	17	17	6	35%	17%	-1%	31%
2011	1	1	1	100%	8%	8%	8%
2013	2	2	2	100%	47%	23%	72%
2014	26	26	21	81%	91%	-1%	483%
2015	45	45	29	64%	32%	-22%	194%
2016	12	12	8	67%	26%	-21%	71%
2017	20	20	10	50%	19%	-42%	131%
2018	20	20	15	75%	81%	-11%	344%
2019	30	30	21	70%	87%	-2%	898%
2020	18	18	10	56%	62%	-22%	195%
2021	25	23	16	70%	69%	-5%	172%
2022	45	13	13	100%	79%	5%	135%
2023	37	1	1	100%	99%	99%	99%
2024	16						
총합계	314	228	153	67%	61%	-42%	898%

국내 스팩 제도 탄생 이후 연도별 발행 스팩과 합병 성과(2012년은 발행 및 합병 승인 없음)

국내 스팩 제도가 처음 도입된 2009년 이후, 2024년 6월까지 총 314개 스팩이 상장됐습니다. 이 중 현재 거래 중이거나, 합병 심사 중인 86개 스팩을 제외하면, 합병에 성공하거나 3년 이내에 합병을 하지 못해 상장이 폐지된 스팩은 총 228개입니다. 이를 거래 완료 스팩이라고 한다면, 228개 중 153개 스팩이 합병에 성공하고, 75개 스팩은 상장폐지됐습니다.

합병에 성공한 153개 스팩의 평균 수익률은 61%이며, 가장 큰 상승률은 898%에 이릅니다. 이 중에는 IBKS제3호스팩같이 100% 이상 상승을 기록한 종목이 30개나 있습니다. 거래가 완료된 총 228개 스팩을 고려하면, 100% 이상 상승을 기록한 스팩을 만날 확률은 13.1%입니다. 상승 폭을 50% 이상으로 조정하면, 총 58개 종목으로 확률은 25.4%가 됩니다.

혹자는 스팩을 복권과 비교합니다. 스팩이 다른 회사와의 합병을 유일한 목적으로 하며, 합병 성공 여부와 어떤 회사와 합병하는지에 따라 수익률이 크게 달라지기 때문입니다. 하지만, 상금으로 5,000원을 받는 로또 6등 당첨 확률이 1% 미만이지만, 100% 이상의 상승을 기록한 스팩을 찾는 것은 로또 6등에 당첨되는 것보다 10배는 더 쉬운 일입니다.

합병 승인 발표 이후 주가가 상승하는 경향이 있지만, 항상 예외가 있기 마련입니다. 실제 주식매수청구권 종료일의 종가가 공모가를 밑도는 경우도 있었습니다. 이런 경우는 합병에 성공한 153개 스팩 중 총 18개 종목에서 확인됐으며, 2011년과 2013년을 제외하고 매년 있었습니다. 그중 가장 큰 하락 폭은 무려 -42%였습니다.

이러한 사례를 살펴보면, 스팩 투자도 위험하다고 생각할 수 있습니다. 그러나 스팩에는 주식매수청구권이라는 보호장치가 있습니다. 이는 합병 공시 이전에 스팩을 매수한 투자자에게 제공되는 권리로, 합병에 반대하고 투자금을 반환받을 수 있습니다. 따라서 합병 발표 이전에 공모가 또는 공모가 아래에서 스팩을 매수한 투자자라면 18개 종목 모두 주식매수청구권을 통해 손실을 피할 수 있었습니다.

스팩명 (합병회사)	스팩 기간		스팩 기간 수익률			주식매수청구권 사용 수익률	
	상장일	주식매수 청구권 종료일	공모가 (원)	주식 매수 청구권 종료일 주가 (원)	수익률	주식 매수 청구권 행사가 (원)	수익률
신한제1호 스팩 (서진오토 모티브)	2010-05-25	2012-03-19	5,000	4,965	-0.7%	5,057	1.1%
교보3호스팩 (바이오로그 디바이스)	2014-12-24	2015-11-10	2,000	1,980	-1.0%	2,028	1.4%
대신밸런스제 1호스팩 (넵튠)	2015-06-18	2016-11-14	2,000	1,920	-4.0%	2,037	1.9%
엔에이치스팩 8호 (알에프에이 치아이씨)	2015-06-30	2017-08-03	2,000	1,900	-5.0%	2,054	2.7%
SK2호스팩 (한강인터트 레이드)	2015-07-22	2017-01-11	2,000	1,995	-0.3%	2,037	1.9%
교보4호스팩 (닉스테크)	2015-08-13	2016-03-16	2,000	1,940	-3.0%	2,017	0.9%
신영스팩2호 (패션플랫폼)	2015-10-05	2018-01-09	2,000	1,970	-1.5%	2,054	2.7%
현대드림4호 스팩 (이엑스티)	2015-10-22	2017-11-20	2,000	1,925	-3.8%	2,050	2.5%

골든브릿지제4호스팩(마이크로텍)	2015-11-18	2018-10-11	2,000	1,565	-21.8%	2,076	3.8%
교보비엔케이스팩(나무기술)	2016-09-07	2018-11-09	2,000	1,585	-20.8%	2,038	1.9%
하나금융8호스팩(모비스)	2016-09-08	2017-02-21	2,000	1,955	-2.3%	2,000	0.0%
케이비제11호스팩(소프트캠프)	2017-04-27	2019-12-05	2,000	1,920	-4.0%	2,072	3.6%
교보7호스팩(나인테크)	2017-06-22	2020-03-23	2,000	1,155	-42.3%	2,064	3.2%
대신밸런스제3호스팩(네오셈)	2018-04-04	2019-01-07	2,000	1,775	-11.3%	2,024	1.2%
DB금융스팩7호(코퍼스코리아)	2019-05-31	2020-11-29	2,000	1,980	-1.0%	2,036	1.8%
엔에이치스팩15호(아이비김영)	2019-12-24	2020-09-08	2,000	1,965	-1.8%	2,016	0.8%
케이비제20호스팩(옵티코어)	2020-01-30	2022-12-07	2,000	1,560	-22.0%	2,051	2.6%
하이제6호스팩(드림인사이트)	2021-05-10	2023-12-27	2,000	1,903	-4.9%	2,093	4.7%

합병 이후 주식매수청구권 종료일 주가가 주식매수청구권 행사가 보다 낮았던 18개 종목

나인테크와 합병 승인 이후 주식매수청구권 종료일 종가가 공모가 대비 -42%를 기록한 교보7호스팩도 공모가에 해당 스팩을 매수했다면 주식매수청구권을 사용해 3.2%의 수익을 볼 수 있었습니다.

228개 스팩 중 합병에 실패해서 상장폐지된 75개 종목은 예금 수준의 수익률만 기록한 것일까요? 그렇지 않습니다. 이 75개 종목의 거래 기간 중 종가 기준 최저가 대비 최고가 수익률 평균은 39%입니다. 또, 20% 이상의 수익률을 기록한 종목은 무려 45개이며, 그중에서도 최고 상승률은 420%에 달합니다.

실패하면 본전, 성공하면 최대 898%까지의 수익률을 기록할 수 있는 것이 스팩 투자입니다. 연도별 합병에 성공한 스팩의 성과를 살펴보겠습니다.

1) 2010~2013년 발행 스팩(총 20개 상장, 9개 합병 성공)

스팩명 (합병회사)	발행 총액 (억 원)	스팩 기간		공모가 매수 스팩 기간 종료일 매도		
		상장일	주식매수 청구권 종료일	공모가 (원)	주식매수 청구권 종료일 주가(원)	수익률
신한제1호스팩 (서진오토모티브)	375	2010-05-25	2012-03-19	5,000	4,965	-1%
신영스팩1호 (알톤스포츠)	197	2010-07-02	2011-07-27	1,000	1,090	9%
에이치엠씨1호 스팩 (화신정공)	235.6	2010-08-31	2011-07-26	2,000	2,405	20%
키움스팩1호 (한일진공)	200	2010-10-05	2013-07-30	2,000	2,620	31%
하나그린기업 인수목적회사 (선데이토즈)	200	2010-11-10	2013-10-04	4,000	4,350	9%
하이제1호스팩 (디에이치피코리아)	270	2010-12-03	2013-10-30	4,000	5,230	31%
케이비글로벌스타 게임앤앱스스팩 (알서포트)	200	2011-01-05	2013-12-03	2,500	2,700	8%
우리스팩2호 (큐브엔터)	130	2013-11-21	2015-03-18	2,000	3,440	72%
키움스팩2호 (레드비씨)	130	2013-12-20	2015-05-11	2,000	2,450	23%

2010~2013년 발행 스팩 중 합병에 성공한 9개 스팩의 수익률

2010년 초창기 발행한 스팩은 17개 중 6개만 합병에 성공하는 등 합병 성공 비율이 35%로 낮았고, 수익률도 2013년에 발행한 우리스팩

2호를 제외하고는 그리 특별하지 않았습니다.

스팩명	발행총액 (억 원)	합병 여부	상장일
대우증권스팩	875	상장폐지	2010-03-03
미래에셋스팩1호	200	상장폐지	2010-03-12
동양밸류스팩	450	상장폐지	2010-03-25
우리스팩1호	350	상장폐지	2010-05-11
히든챔피언스팩1호	300	상장폐지	2010-06-11
한화SV스팩1호	200	상장폐지	2010-07-09
대신증권그로쓰스팩	200	상장폐지	2010-08-24
한국스팩1호	231	상장폐지	2010-08-24
부국퓨쳐스타즈스팩	118	상장폐지	2010-10-29
동부티에스블랙펄스팩	225	상장폐지	2010-12-08
IBKS스팩1호	200	상장폐지	2010-12-22

2010년 상장 후 합병에 실패한 11개 스팩

초창기 스팩 흥행 실패 원인은 발행 규모 때문으로 추정됩니다. 합병에 실패한 11개 스팩 중 10개가 200억 원이 넘는 대형 스팩이었습니다. 2024년 현재도 200억 원 이상은 대형 스팩으로 분류돼 시장에서 외면받고 있습니다. 당시 물가를 고려한다면 200억 원은 상당한 금액이었네요.

2) 2014년 발행 스팩(총 26개 상장, 21개 합병 성공)

초창기 실패 원인을 파악한 증권사들은 2013년 이후 발행 금액을 축소했고, 이는 적중했습니다. 2014년에 발행한 26개의 스팩 중 81%인 21개가 합병에 성공했습니다. 합병 스팩 수익률도 높아졌습니다. 비록 부정행위가 있었지만, 한국콜마비엔에이치와 합병한 미래에셋제2호스팩은 스팩 기간에 무려 483% 수익률을 기록했습니다.

스팩명 (합병회사)	발행 총액 (억 원)	스팩 기간		공모가 매수 스팩 기간 종료일 매도		
		상장일	주식매수 청구권 종료일	공모가 (원)	주식매수 청구권 종료일 주가(원)	수익률
케이비제2호스팩 (케이사인)	148	2014-04-28	2014-10-06	2,000	2,440	22%
유진스팩1호 (나노)	100	2014-05-08	2015-04-02	2,000	3,620	81%
하나머스트스팩 (우성아이비)	50	2014-06-10	2015-02-26	2,000	3,560	78%
미래에셋제2호스팩 (콜마비앤에이치)	130	2014-07-23	2014-12-29	2,000	11,650	483%

우리스팩3호 (고려시멘트)	130	2014-08-13	2017-04-17	2,000	2,105	5%
케이비제3호스팩 (프로스테믹스)	200	2014-09-30	2015-09-02	2,000	6,200	210%
신한제2호SPAC (드림시큐리티)	100	2014-10-13	2016-12-26	2,000	2,040	2%
교보위드스팩 (엑셈)	78	2014-11-07	2015-06-01	2,000	6,190	210%
케이비제4호스팩 (액션스퀘어)	200	2014-11-12	2015-09-02	2,000	2,605	30%
유안타제1호스팩 (글로벌텍스프리)	110	2014-11-19	2017-08-20	2,000	2,440	22%
IBKS제2호스팩 (지엘팜텍)	80	2014-11-20	2016-09-01	2,000	7,260	263%
하이제2호스팩 (휴마시스)	100	2014-12-01	2017-09-14	2,000	2,150	8%
한국2호스팩 (엔터메이트)	100	2014-12-10	2015-12-03	2,000	2,215	11%
동부제2호스팩 (미스터블루)	100	2014-12-12	2015-10-21	2,000	5,230	162%
하나머스트2호 스팩 (자원메디칼)	100	2014-12-17	2016-08-17	2,000	2,545	27%
엘아이지스팩 2호 (정다운)	50	2014-12-17	2016-06-02	2,000	2,190	10%
케이비제5호 스팩 (지란지교시큐리티)	100	2014-12-24	2016-08-16	2,000	2,355	18%
교보3호스팩 (바이오로그디바이스)	100	2014-12-24	2015-11-10	2,000	1,980	-1%
케이비제6호 스팩 (썸에이지)	300	2014-12-29	2016-04-11	2,000	2,010	1%
현대드림스팩 2호 (심엔터테인먼트)	130	2014-12-29	2015-08-18	2,000	3,195	60%

엔에이치스팩2호 (바디텍메드)	85.4	2014-12-29	2015-08-17	2,000	6,160	208%

2014년 발행 스팩 중 합병에 성공한 21개 스팩의 수익률

3) 2015 ~2021년 발행 스팩(총 170개 상장 스팩 중 109개 합병 성공)

2014년 이후, 자리를 잡은 스팩 합병은 활발해졌고, 2021년까지 매년 평균 24개 스팩이 신규 발행됐습니다. 898%가 오른 IBKS제12호스팩도 2019년에 발행됐습니다.

스팩명 (합병회사)	발행 총액 (억 원)	스팩 기간		공모가 매수 스팩 기간 종료일 매도		
		상장일	주식매수 청구권 종료일	공모가 (원)	주식매수 청구권 종료일 주가 (원)	수익률
IBKS제12호스팩 (윙스풋)	58	2019-12-09	2022-09-26	2,000	19,950	898%
삼성스팩2호 (엔피)	130	2018-09-13	2021-07-22	2,000	8,870	344%
대신밸런스제6호스팩 (국전약품)	90	2018-12-19	2020-12-02	2,000	6,170	209%
대신밸런스제9호스팩 (블리츠웨이)	70	2020-12-23	2021-11-25	2,000	5,890	195%

IBKS제3호스팩 (케이엠제약)	80	2015-10-08	2018-08-28	2,000	5,880	194%
엔에이치스팩14호 (현대무벡스)	160	2019-05-08	2021-02-10	2,000	5,530	177%
신한제7호스팩 (코어라인소프트)	80	2021-02-04	2023-08-21	2,000	5,440	172%
하나머스트7호스팩 (사피엔반도체)	70	2021-03-05	2024-01-11	2,000	5,430	172%
엘아이지이에스스팩 (켐트로스)	50	2015-07-27	2017-09-04	2,000	5,360	168%
DB금융스팩9호 (제이엔비)	80	2021-03-16	2023-10-26	2,000	5,190	160%
신영스팩6호 (화인써키트)	84	2020-02-12	2023-02-01	2,000	4,950	148%
교보8호스팩 (원바이오젠)	62	2018-12-05	2021-01-11	2,000	4,860	143%
신영스팩3호 (유에스티)	50	2017-04-06	2018-02-28	2,000	4,620	131%
SK5호스팩 (비스토스)	80	2019-12-04	2022-09-14	2,000	4,355	118%
유진스팩5호 (포커스에이치엔에스)	70	2019-10-02	2021-09-23	2,000	4,330	117%
대우SBI스팩1호 (토박스코리아)	55	2015-05-13	2017-04-04	2,000	4,180	109%
대신밸런스제5호스팩 (지니틱스)	70	2018-08-30	2019-07-02	2,000	4,105	105%

2015 ~2021년 발행 스팩 중 합병 성공 이후 100% 이상 수익률을 기록한 17개 스팩

4) 2022년 이후 발행 스팩

2022년 이후 스팩은 아직 합병 기한이 남은 스팩이 많지만, 이미 합병을 완료한 종목은 양호한 수익률을 기록했습니다.

스팩명	발행 총액 (억 원)	스팩 기간		공모가 매수 스팩 기간 종료일 매도		
		상장일	주식매수 청구권 종료일	공모가 (원)	주식매수 청구권 종료일 주가 (원)	수익률
DB금융스팩10호 (한빛레이저)	100	2022-01-20	2023-11-29	2,000	3,180	59%
IBKS제17호스팩 (신시웨이)	50	2022-02-18	2023-09-27	2,000	4,360	118%
한국제10호스팩 (크라우드웍스)	90	2022-02-21	2023-07-27	2,000	3,120	56%
에스케이증권7호 스팩 (메쎄이상)	60	2022-03-07	2023-01-31	2,000	2,955	48%
유진스팩8호 (씨피시스템)	100	2022-03-31	2024-05-28	2,000	4,010	101%
신한제9호스팩 (다원넥스뷰)	80	2022-04-27	2024-05-13	2,000	4,510	126%
신영스팩7호 (삐아)	84	2022-04-28	2024-03-25	2,000	4,565	128%

대신밸런스제12호스팩 (셀바이오휴먼텍)	100	2022-07-14	2023-03-23	2,000	2,715	36%
IBKS제18호스팩 (벨로크)	80	2022-07-22	2023-03-27	2,000	2,755	38%
IBKS제19호스팩 (에스피소프트)	95	2022-08-26	2024-01-11	2,000	4,700	135%
하나금융23호스팩 (레이저옵텍)	90	2022-09-15	2024-01-02	2,000	3,240	62%
케이비제22호스팩 (카티스)	100	2022-09-22	2024-03-26	2,000	4,295	115%
케이비제23호스팩 (세니젠)	120	2022-11-03	2023-09-11	2,000	2,100	5%
엔에이치스팩28호 (씨싸이트)	68	2023-03-09	2023-11-23	2,000	3,985	99%

2022년 이후 발행 스팩 중 합병에 완료한 14개 스팩의 수익률

2014년 이후 상장한 스팩은 매년 100% 이상 상승한 종목이 있었습니다. 이는 특정 연도에 스팩 테마 열풍이 불어서 일시적으로 이상 급등하는 것이 아니라 지속적으로 반복되는 현상임을 의미합니다. 몇 가지 매수 원칙만 지킨다면 예금 수준의 위험을 가진 투자 상품치고는 매력적인 수익률 아닌가요?

수익률보다 중요한
구찌

모든 투자 상품은 수익률이 높을수록 좋습니다. 동일한 수준의 위험이라면 10%보다는 당연히 50%, 100% 수익률을 가진 투자 상품이 매력적입니다. 그러나 현실에서는 수익률과 리스크는 비례합니다. 높은 기대 수익률은 더 큰 위험을 수반하는데, 특히 코인 같은 투자 상품은 하루에도 100~1,000%의 급격한 상승과 -99% 손실이라는 극단적인 변동성을 보입니다. 기대 수익률이 아무리 높아도 이런 변동성이 큰 자산에 얼마나 큰돈을 투자할 수 있을까요? 예외적인 사례가 있을 수 있

지만, 보통 사람은 고위험 고수익 상품에는 소액 투자하는 경향이 있습니다. 예를 들어, 아파트에는 내 돈 4억 원과 풀 대출 6억 원을 받아 10억 원을 투자하는 사람이라도, 코인에는 순자산의 10%인 4천 만 원을 투자하기가 쉽지 않습니다. 집은 가격이 떨어져도 살면서 버틸 수 있지만, 실체가 없는 코인은 불안하기 때문입니다.

투자에 있어서 어쩌면 수익률보다 더 중요한 것은 구찌입니다. 명품 브랜드 Gucci나 골프 칠 때 상대방의 멘탈을 깨기 위한 그 구찌가 아니라, 사이즈를 의미하는 구찌입니다. 4천만 원을 코인에 투자할 경우 100% 상승하면 4천만 원의 이익을 얻을 수 있습니다. 반면 10억 원짜리 아파트가 10% 상승하면 1억 원의 이익을 얻게 됩니다. 수익률만 비교하면 코인이 아파트보다 훨씬 높지만, 절대적인 금액은 아파트가 훨씬 큽니다. 이는 애초에 투자하는 금액의 크기가 달라서 발생한 차이입니다.

결국, 큰돈을 벌기 위해서는 큰돈을 투자할 수 있어야 합니다. 투자 금액을 키우기 위해서는 잃지 않는다는 확신이 필요합니다. 50% 확률로 투자 자산이 반 토막 또는 그 이상으로 하락할 수 있는 고위험 상품에 큰돈을 투자하는 것은 용감한 것이 아니라 무모한 것입니다.

이런 점에서 스팩은 매력적입니다. 합병 공시 이전에 공모가 또는 예치 기간 동안 발생한 이자를 더한 가격보다 낮은 금액에서 스팩을 매수한다면 큰돈을 투자해도 원금을 지킬 수 있습니다.

물론, 내가 투자한 스팩이 합병에 실패하면, 투자 원금을 보장받기 위해 최대 3년이라는 시간을 기다려야 합니다. 이러면 3년이라는 시간을 잃었다고 말할 수 있습니다. 하지만 일반 주식과 비교하면 손실 크기가 차원이 다릅니다. 일반 주식은 3년, 아니 10년을 기다려도 투자 원금을 찾을 수 있다는 보장이 없습니다. 재수가 없다면 해당 종목이 상장폐지돼 투자 원금이 0원이 될 수도 있습니다.

한 때 대한민국에서 1등 산업이었던 조선업을 대표하는 삼성중공업은 2013년 한 주당 28,000원이 넘었던 주식입니다. 10년이 지났지만, 아직도 만 원을 넘지 못하고 있습니다.

절세 가능한
스팩 투자

1) 상장폐지 시 청산 분배금에 부과되는 세금과 절세 방법

1년 차	공모가(원)	2,000
	1년 차 예치이율(%)	3.0%
	1년 차 이자 수익(원)	60
	1년 차 신탁사 수수료 0.1%(원)	-2.0
	1년 차 이자 수익에 대한 세금 15.4%(원)	-9.2
	1년 차 세후 한 주당 금액(원)	2,049

2년 차	2년 차 한 주당 시작 금액(원)	2,049
	2년 차 예치이율(%)	3.0%
	2년 차 이자 수익(원)	61
	2년 차 신탁사 수수료 0.1%(원)	-2.0
	2년 차 이자 수익에 대한 세금 15.4%(원)	-9.5
	2년 차 세후 한 주당 금액(원)	2,099
3년 차	3년 차 한 주당 시작 금액(원)	2,099
	3년 차 예치이율(%)	3.0%
	3년 차 이자 수익 ※ 182.5일로 계산(원)	31
	3년 차 신탁사 수수료 0.1%(원)	-2.1
	3년 차 이자 수익에 대한 세금 15.4%(원)	-4.8
	3년 차 세후 한 주당 금액(원)	2,123
청산 수익	공모가 매수 시 차액(2,123원 - 2,000원)	123
	청산 수익 발생 시 배당소득세 15.4%(절세 가능)	-19.0
	배당소득세 차감 후 주당 단가	2,104
	배당소득세 차감 후 주당 순이익	104
	배당소득세 차감 후 주당 수익률(3년)	5.2%

스팩이 합병에 실패해 상장폐지 될 때 지급되는 청산 분배금에 발생하는 이자와 세금 산출 예시

스팩이 3년 내 합병에 실패해 상장폐지되는 경우, 공모 이후에 스팩을 매수한 주주에게는 청산 분배금이 지급됩니다. 이때 수익이 발생한 경우 이를 배당 수익으로 간주해 매입가 대비 차액분에 대해 배당소득세 15.4%가 원천 징수됩니다.

ISA 계좌를 활용하면 해당 세금을 한도 내에서 면제받을 수 있습니다. ISA 계좌는 하나의 계좌에서 예금, 펀드, 주가연계증권 등 다양한 금융상품을 담을 수 있으며, 발생한 이자 및 배당 소득에 비과세 혜택을 주고 있습니다. 연간 비과세 한도는 일반형 500만 원, 서민형 천만 원입니다.

단, 매년 공모자금을 예치해 발생한 이자 수익은 ISA 계좌를 활용해 세금 면제를 받을 수 없습니다. 이는 공모자금을 개인이 직접 예치하는 것이 아니라, 스팩 회사가 기관에 예치하는 것이기 때문입니다.

참고로, 스팩의 3년 차 예상 청산 금액을 산출할 때는 이자 발생 기간을 보수적으로 산정하는 것이 좋습니다. 스팩 회사에서 1년 만기 예치 상품에 가입했으나, 만기를 충족하지 못해 6개월 치 이자만 적용받는 사례도 있습니다.

2) 주식매수청구권 사용 시 세금

주식매수청구권은 청구인과 스팩 회사 간의 직접 거래, 즉 장외거래에 해당해 양도소득세를 납부해야 합니다. 상반기(1~6월)에 주식매수청구권을 사용했다면 8월 말까지, 하반기(7~12월)에 주식매수청구권을 사용했다면 다음 해 2월 말까지 홈텍스에 신고 및 납부해야 합니다. 주식매수청구권을 사용해 매수가 대비 수익이 발생한 경우 양도 차익에 250만 원을 기본 공제하고 세율을 적용합니다. 대주주가 아닌 경우 약 11%의 양도소득세가 발생합니다.

Part 04

원금을 지키는
스팩 매매 원칙

◇

key point

가격과 매수 시점의 기준을 지키고, 합병 시점 또는 상장폐지 청산 시점까지만 기다리면, 스팩 공모자금을 예치한 은행이 망하지 않는 한 원금을 잃을 리스크는 없습니다.

반드시 지켜야 할 두 가지 매수 원칙

스팩으로 원금을 지키는 투자를 하기 위해서는 두 가지 조건이 충족돼야 합니다. 첫 번째 조건은 가격입니다. 3장에서 스팩은 일반 종목과 달리 상장폐지를 당해도 공모가에 해당 기간 동안 발생한 이자를 더한 값을 돌려받을 수 있다는 것을 배웠습니다. 합병에 성공해도 시장의 외면으로 주가가 빠지면, 주식매수청구권을 행사해 공모가에 합병 시점까지 발생한 이자를 더한 값을 돌려받을 수 있습니다. 두 가지 경우 모두 공모가에 해당 기간 발생한 이자를 더한 값을 돌려주니,

원금을 지키기 위해서는 해당 가격 아래에서 매수해야 합니다. 예를 들어 예치 이율 2%를 적용받고, 상장 이후 만 1년이 지난 스팩이라면 2,040원(2,000원 x 1.02 = 2,040원) 보다 낮은 가격에서 매수하면 손실 위험이 없습니다.

공모가가 2,000원이고 예치 이율이 매년 2%인 스팩이 있습니다. 해당 종목이 3년 내 합병에 실패해 상장폐지되는 경우, 약 2,122원(2,000원 × 1.02 × 1.02 × 1.02 = 2,122원)을 돌려받을 수 있습니다. 각 스팩 상장 시점에 따라 예치 이율이 다르고 이자 수익에 따른 세금도 발생하지만, 세부적인 내용은 3장에서 다뤘으니, 편의를 위해 단순 계산한 예시입니다.

이처럼 스팩의 예치 이율과 상장 이후 소요 기간을 계산하면 예상 청산 금액을 산출할 수 있습니다. 주식매수청구 예정 가격 또한 같은 산출 방식을 적용하면 됩니다. 세니젠과 합병한 케이비제23호의 실제 사례를 참고하면 이해가 빠릅니다. 2022년 11월 3일 상장(공모자금 예치는 10월 28일 시작) 이후 약 1년 만에 합병을 추진한 케이비제23호의 경우, 1년 차 공모자금 예치 이율 금리는 4.7%였습니다. 약 1년 동안 공모자금을 예치해 발생한 이자 수익에 세금을 제외한 2,075원을 주식매수청구가격으로 제시했습니다.(2,000원 x 1.047 = 2,094원, 세금 약 15원을 차감하면 약 2,079원이 나옵니다. 케이비제23호스팩의 주식매수청구가격은 예치 기간이 만 1년이 조금 안 되었기에 2,075원을 제시했습니다.)

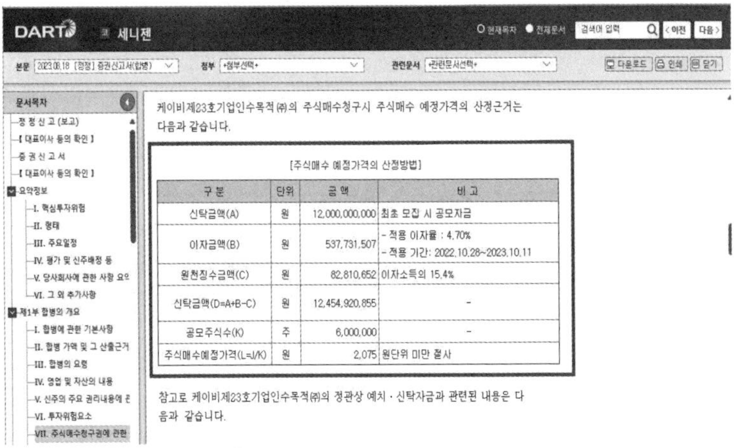

케이비제23호기업인수목적㈜의 주식매수청구시 주식매수 예정가격의 산정근거는 다음과 같습니다.

[주식매수 예정가격의 산정방법]

구 분	단위	금 액	비 고
신탁금액(A)	원	12,000,000,000	최초 모집 시 공모자금
이자금액(B)	원	537,731,507	- 적용 이자율 : 4.70% - 적용 기간: 2022.10.28~2023.10.11
원천징수금액(C)	원	82,810,652	이자소득의 15.4%
신탁금액(D=A+B-C)	원	12,454,920,855	-
공모주식수(K)	주	6,000,000	-
주식매수예정가격(L=J/K)	원	2,075	원단위 미만 절사

참고로 케이비제23호기업인수목적㈜의 정관상 예치 · 신탁자금과 관련된 내용은 다음과 같습니다.

케이비제23호스팩의 주식매수청구권 예정 가격 산정 방법을 확인할 수 있는 증권신고서

(출처 : DART)

2022년 10월에 상장한 A라는 스팩을 2023년 10월에 매수한다고 가정하면, 주당 2,075원 아래에서 매수하면 상장폐지 당하거나, 주식매수청구권을 사용하는 상황이 발생해도 원금을 지킬 수 있습니다.

계산하는 것이 복잡하고 귀찮다면 그냥 공모가 아래서 매수하면 됩니다. 마이너스 금리 시대가 오지 않는 이상 가장 확실한 방법입니다. 제가 운영하는 블로그와 스팩오답노트 네이버 카페에 신규 종목이 상장할 때마다 예치 이율을 확인해 포스팅하고 있으니 해당 자료를 활용하면 시간과 노력을 아낄 수 있습니다.

구분	예치이율(年)	예상청산가격 (원, 세금 15.4% 제외)	비고
1년 차	3.60%	2,061	2,000 x 3.6% x 0.846 + 2,000
2년 차 (한국증권금융 24.6월 금리로 추정)	3.15%	2,116	2,061 x 3.15% x 0.846 + 2,061
3년 차 (한국증권금융 24.6월 금리로 추정)	3.15%	2,144	2,116 x 3.15% x 0.846 + 2,116 (365일 중 182.5일만 적용)

필자 블로그에 포스팅한 비엔케이제2호스팩의 1년 차 예치 이율 및 예상 청산 가격

두 번째 조건은 매수 시점입니다. 원금 보장을 위해서는 반드시 합병 공시(심사 신청) 이전의 스팩을 매수해야 합니다. 스팩이 상장에 실패하면 공모가에 이자를 더해 돌려받을 수 있지만, 스팩이 합병에 성공하면 원금 손실 위험이 있을 수 있습니다. 비우량 회사와 합병을 추진하는 경우가 있기 때문입니다. 합병 이후 종목의 주식 가격은 공모가의 최대 30%까지 할인한 가격으로 책정될 수 있습니다. 이로부터 일반 투자자를 보호하기 위해 있는 장치가 주식매수청구권입니다. 합병 심사 통과 이후 주가가 공모가 보다 낮다면, 합병에 반대하고 주식매수청구 권리를 사용하면 스팩 회사가 내 주식을 공모가에 해당 기간 동안 이자를 더한 값으로 주식을 사줍니다. 이 권리는 모든 주주에게 주어지는 것이 아닙니다. 합병 공시(심사 신청) 이전에 매수한 주주에게만 주어지는 권리입니다.

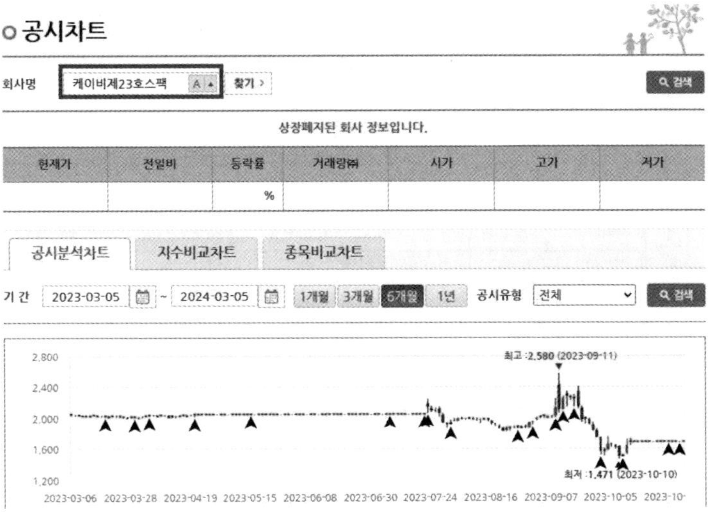

케이비제23호스팩의 합병 승인 이후 주가를 확인할 수 있는 차트

(출처 : 한국거래소 전자공시 KIND)

세니젠과 합병에 성공한 케이비제23호스팩의 경우, 2023년 4월 20일 최초 합병 공시(심사 신청) 및 상장 심사를 위한 거래 정지 이후, 2023년 7월 20일 심사 승인 이후 거래가 재개됐습니다. 보통 이 시점에 주가가 오르지만, 케이비제23호는 시장의 외면으로 2023년 9월까지 공모가를 넘지 못했습니다. 다행히 주식매수청구권 종료일인 2023년 10월 5일 이전인 9월 11일 케이비제23호스팩의 가격이 2,580원까지 상승하며 탈출 기회가 있었지만, 안전을 위해서는 주식매수청구권 사용을 준비해야 하는 상황이었습니다.

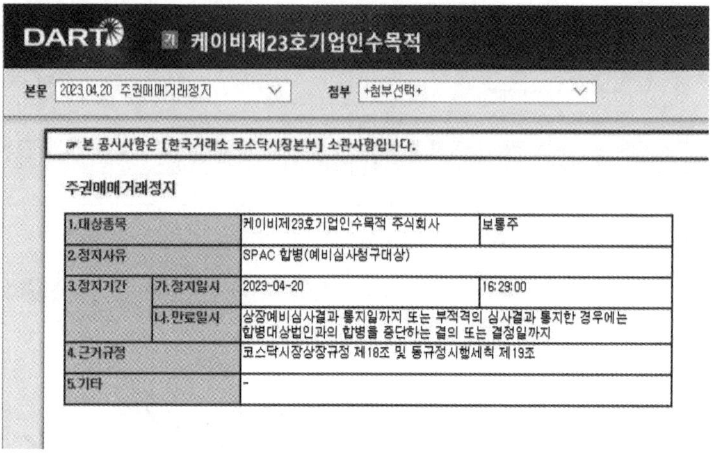

주권매매거래정지

1.대상종목		케이비제23호기업인수목적 주식회사	보통주
2.정지사유		SPAC 합병(예비심사청구대상)	
3.정지기간	가.정지일시	2023-04-20	16:29:00
	나.만료일시	상장예비심사결과 통지일까지 또는 부적격의 심사결과 통지한 경우에는 합병대상법인과의 합병을 중단하는 결의 또는 결정일까지	
4.근거규정		코스닥시장상장규정 제18조 및 동규정시행세칙 제19조	
5.기타		-	

케이비제23호스팩 합병 결정 공시. 이 공시 이전에 매수한 주식만 주식매수청구권 사용 가능(출처 : DART)

위 사례의 경우 주식매수청구권은 세니젠과의 최초 합병 결정 공시가 있었던 2023년 4월 20일 이전에 케이비제23호를 매수한 주주에게만 주어지는 권리입니다. 2023년 4월 20일 이후에 매수한 주주는 주식매수청구권 권리가 없습니다. 일반 주식의 위험과 다를 게 없습니다.

이번 장을 한 문장으로 요약하면 '가격과 매수 시점의 기준을 지키고, 합병 시점 또는 상장폐지 청산 시점까지만 기다리면, 스팩 공모자금을 예치한 은행이 망하지 않는 한 원금을 잃을 리스크는 없다.'라는 것입니다.

반드시 지켜야 할 매도 원칙

원금 손실 없는 투자를 위해서는 반드시 주식매수청구권 종료일 이전에 매도해야 합니다. 주식매수청구권은 합병 이후 단 한 번만 주어지는 권리입니다. 해당 권리가 사라진 이후에는 스팩의 위험도 일반 주식과 같습니다. 즉, 원금을 보장하는 장치가 사라집니다.

2017년 케이티비스팩2호와 합병한 클래시스처럼 스팩 합병 이후에도 실적과 주가 모두 지속적으로 성장하는 회사도 있습니다. 하지만 통계적으로는 합병 이후 스팩을 장기간 투자하면 주가가 떨어질 확률이 더 높습니다. 이와 관련된 세부적인 내용은 6장에서 다루겠습니다.

2017년 스팩 합병 상장 이후 20배 이상 상승한 클래시스의 차트(출처 : Npay증권)

추세 매매 응용
- 오른쪽 어깨에서 팔기

원금을 잃지 않는 매도 원칙은 앞 장에서 제시했습니다. 하지만 이는 원금을 지키기 위해서 최대한 보유할 수 있는 시점에 관한 내용일 뿐 어떻게 팔아야 잘 팔았는지에 대한 방법은 아닙니다.

앞서 스팩 투자의 매력에서 살펴본 것처럼 스팩이 합병에 성공해 주가가 상승하는 경우, 상승 폭의 제한이 없습니다. 윙스풋과 합병한 IBKS제12호스팩은 주식매수청구권 종료일 종가가 공모가 대비 무려 898%까지 상승했습니다. 하지만 공모가로 매수한 IBKS제12호스팩을 내가 보유하고 있었다 해도, 그 상승률을 다 얻을 수 있는 것은 아닙니다. 50% 수익률에 만족해 미리 팔아 버렸다면 그걸로 끝입니다. 스팩 역시 매도는 예술의 영역입니다.

주식매수청구권 종료일까지 분할 매도하는 방법도 있을 것이고, 주식매수청구권 종료일 종가로 매도하는 방법도 있습니다. 정답이 없는 영역이지만, 추세를 탄 주가는 지속적으로 상승하는 경향이 있어, 저는 그 끝을 확인하고 매도하는 것을 선호합니다. 윌리엄 오닐의 책 '최고의 주식 최적의 타이밍'에 나오는 오른쪽 어깨에서 매도하는 것입니다. 구체적인 매도 방법은 다음과 같습니다.

우선, 비우량 회사와의 합병으로 공모가 보다 낮은 가격이 형성되는 경우를 대비해 주식매수청구권 사용 종료 일자를 기본 매도 일자로 생각합니다. 해당 일자가 다가오면 스팩 회사에서 주식매수청구권 권리 가격을 제시합니다. 그 가격을 보고 현재 주가가 주식매수청구권 행사 가격보다 낮으면 주식매수청구권을 사용하고, 현재 주가가 높을 경우 시장에서 매도할 준비를 합니다.

추세에 올라탄 스팩의 종가가 신고가를 갱신하면, 그 가격에서 -9% 하락하는 지점에 자동 매도를 설정합니다. 이후에도 주가가 계속 상승해 종가가 계속 오르면, 자동 매도 가격 역시 비례해 상향합니다. 해당 매도 방식을 활용할 때 두 가지 주의 사항이 있습니다.

먼저 최초 설정한 신고가 대비 종가가 하락한 경우, 해당 금액에 맞춰 자동 매도가격을 하향 설정해서는 안 됩니다. 추세를 이탈하는 초기에 매도하는 것이 목표인데, 이 원칙을 지키지 않으면 오른쪽 어깨가 아닌 허리 또는 발목에서 매도하는 불상사가 생길 수 있습니다.

다음은 자동 매도 기능을 활용하는 것입니다. 해당 매도 방식을 사용하는 이유는 사람의 감정이 개입되는 순간 원칙이 깨지기 쉽기 때문입니다. 기계적인 매도를 강력히 권장합니다. 다음은 실제로 대신밸런스제12호스팩을 매도할 때 적용했던 사례입니다.

대신밸런스제12호스팩에 오른쪽 어깨에 팔기를 적용한 사례(출처 : 대신증권 MTS)

공모주 청약으로 받은 대신밸런스제12호스팩은 셀바이오휴먼텍과 합병 이후 주식매수청구권 종료일(2023년 3월 23일)을 앞두고 신고가를 돌파하며 추세에 올라탔습니다. 2023년 2월 17일, 대신밸런스제12호스팩 종가는 신고가를 돌파하면서 3,115원으로 마무리됐습니다. 이미 공모가 대비 50% 이상의 수익률을 기록한 상태였지만, 오른쪽 어깨를 확인하고 싶었기에 해당 시점부터 자동 매도를 설정했습니다.

3,115원에서 -9% 빠지는 지점인 2,840원(정확히는 2,834.65원)에 자동 매도를 설정했습니다. 이후 주가가 빠지면 고가 대비 -9%만큼 손실을 보겠지만, 그래도 공모가 대비 40% 이상 수익을 확보한 상태라 모험을 할 수 있었습니다. 다행히 다음 거래일인 2023년 2월 20일에 또다시 신고가를 돌파해 종가가 3,400원을 기록했습니다. 자동 매도 가격 역시 3,100원으로 올렸습니다. 그다음 거래일인 2023년 2월 21일의 종가 역시 기존 신고가를 돌파해 3,645원을 기록했습니다. 자동 매도 가격 역시 3,320원으로 상향 조정했습니다. 다음날 신고가 대비 -9% 하락하며 추세가 꺾이는 신호가 나왔고, 자동 매도가 나갔습니다. 매도 가격을 지정가가 아닌 시장가로 설정해 최종 매도가격은 3,305원이었습니다.

공모가 대비 최종 수익률은 64.59%였습니다. 최고가에 매도는 못 했지만, 최초 자동 매도를 설정했던 3,115원 대비해서는 약 6% 추가 수익을 올릴 수 있었습니다. 대신밸런스제12호스팩은 오른쪽 어깨 팔기를 적용해 얻은 추가 수익 자체는 그리 크지 않았지만, 덕분에 가보지 않은 미지의 영역에 대한 미련은 없었습니다. 이 미련을 극복하지 않으면 다음 매매에 영향을 미치기 때문에 명확한 매도 원칙을 수립하는 것을 추천합니다.

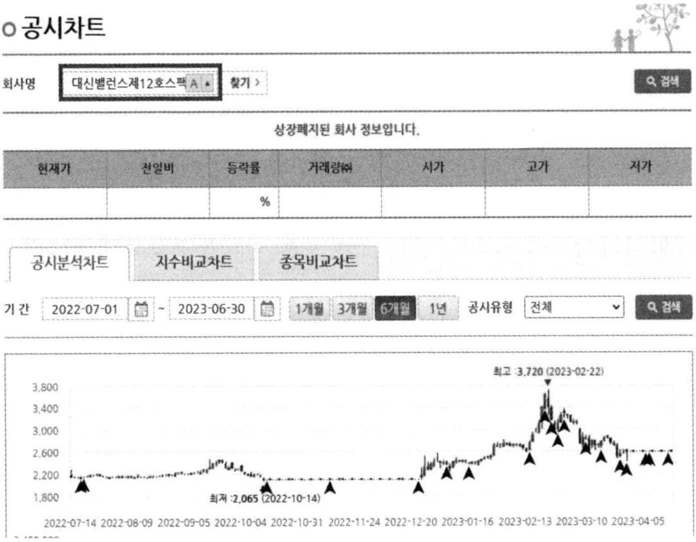

대신밸런스제12호스팩의 주식매수청구권 종료일 이후 주가를 확인할 수 있는 차트

(출처 : 한국거래소 전자공시 KIND)

그렇다면 대신밸런스제12호스팩 매도 이후 주가는 어땠을까요? 2023년 2월 22일 장중 최고가인 3,720원을 찍고 나서, 결국 주가는 2,400원대로 하락했습니다.

물론, 해당 방식이 늘 공식처럼 적용되는 것은 아니고, 항상 오른쪽 어깨 매도를 보장해 주는 것은 아닙니다. 하지만 아무런 매도 원칙이 없는 것보다는 일관된 의사 결정을 할 수 있다는 장점이 있습니다. 해당 방법이 시장에서 먹히지 않았다면 윌리엄 오닐 아저씨의 책이 아직도 잘 팔리지는 않겠죠?

자동 매도 설정 방법(한국투자증권)

각 증권사의 MTS나 HTS마다 자동 매도 설정 방식은 조금씩 상이하지만 크게는 비슷합니다. 제가 사용하는 한국투자증권의 MTS는 다음 경로로 해당 기능을 사용할 수 있습니다.

한국투자증권 MTS 자동 매도 설정 방법(출처 : 한국투자증권 MTS)

Part 05

스팩 투자로 돈을 버는 세 가지 방법

◇

key point

일반 주식에 비하면 공부할 내용도 적고, 원칙만 지킨다면 원금 손실이 없거나, 최소한의 손실로 운영하면서 매력적인 수익률을 기대할 수 있는 스팩이지만, 끝까지 지속하지 않는다면 그 과실을 누릴 수 없습니다.

스팩 공모주 투자의 한계

스팩을 이용해 수익을 창출하는 방법은 다양합니다. 합병 승인 후 거래량과 변동성이 증가하는 시기를 노려 투자하는 방법도 있습니다. 트레이더가 많이 사용하는 전통적인 방법이지만, 스팩의 안전장치를 활용하는 것은 아닙니다. 이러한 접근은 일반 주식 트레이딩과 마찬가지로 위험 요소가 있습니다. 하지만, 이 장에서 소개할 방법은 원금 손실 위험을 사전에 제어하면서도 수익을 창출하는 스팩 활용법입니다.

2023년 6월 26일, 대한민국 주식 시장에 새로운 변화가 생겼습니다. 상장 종목 가격 제한폭이 확대된 것입니다. 이로 인해 시가총액이 가벼운 스팩 역시 상장 당일 변동성이 커졌습니다. 이를 활용해 스팩 공모주 청약에 참여해 상장 당일 매도하면, 단기간에 수익을 확보할 수 있습니다. 일반 공모주 투자와 같은 맥락이지만, 일반 종목과 다른 한 가지 차이점이 있습니다. 공모가에 매수한 스팩은 기다리기만 하면 원금 손실의 위험이 없다는 것입니다.

No	스팩명	발행 총액 (억 원)	상장일	상장 당일 주가(원)				
				시초가	최고가	종가	최고가 수익률	종가 수익률
1	하나29호스팩	90	2023-06-28	2,115	2,165	2,110	8.3%	5.5%
2	교보14호스팩	77	2023-07-06	2,170	7,980	6,810	299.0%	240.5%
3	DB금융스팩 11호	100	2023-07-12	5,750	6,860	4,435	243.0%	121.8%
4	에스케이증권 제9호스팩	100	2023-07-21	3,385	7,150	3,860	257.5%	93.0%
5	유안타제14호 스팩	91	2023-07-27	3,755	5,870	2,175	193.5%	8.8%
6	KB제26호 스팩	100	2023-08-10	3,200	4,475	2,130	123.8%	6.5%
7	하나28호스팩	130	2023-08-10	2,800	3,320	2,110	66.0%	5.5%
8	에스케이증권 제10호스팩	66	2023-08-11	5,000	5,680	2,490	184.0%	24.5%
9	유안타제11호 스팩	100	2023-08-28	3,025	3,570	2,005	78.5%	0.3%
10	한국제12호 스팩	80	2023-08-30	3,465	4,200	2,520	110.0%	26.0%
11	대신밸런스제 15호스팩	130	2023-08-30	2,655	3,045	2,035	52.3%	1.8%
12	대신밸런스제 16호스팩	130	2023-09-04	2,670	2,870	2,005	43.5%	0.3%

13	한화플러스제4호스팩	95	2023-09-07	2,900	2,955	1,998	47.8%	-0.1%
14	상상인제4호스팩	90	2023-09-14	2,430	2,485	1,983	24.3%	-0.9%
15	신한제11호스팩	378	2023-10-04	1,996	2,000	1,900	0.0%	-5.0%
16	에이치엠씨제6호스팩	80	2023-10-13	2,000	5,480	2,375	174.0%	18.8%
17	케이비제27호스팩	250	2023-10-03	2,005	2,145	1,857	7.3%	-7.2%
18	한국제13호스팩	80	2023-11-13	2,530	2,745	1,980	37.3%	-1.0%
19	엔에이치스팩30호	160	2023-12-01	2,400	5,450	2,475	172.5%	23.8%
20	삼성스팩9호	200	2023-12-04	4,720	5,120	2,070	156.0%	3.5%
21	교보15호스팩	70	2023-12-05	4,900	5,190	1,975	159.5%	-1.3%
22	IBKS제23호스팩	80	2023-12-22	4,030	6,260	2,065	213.0%	3.3%
23	하나30호스팩	140	2023-12-22	3,250	6,070	1,980	203.5%	-1.0%
24	대신밸런스제17호스팩	110	2024-01-24	5,970	6,500	2,140	225.0%	7.0%
25	IBKS제24호스팩	80	2024-02-01	4,865	4,985	2,125	149.3%	6.3%
26	신영스팩10호	91.5	2024-02-06	3,670	3,800	2,090	90.0%	4.5%
27	유안타제15호스팩	130	2024-02-29	2,450	3,480	2,015	74.0%	0.8%
28	유진스팩10호	80	2024-02-29	3,000	6,150	2,230	207.5%	11.5%
29	에스케이증권제11호스팩	80	2024-03-04	4,000	5,700	2,100	185.0%	5.0%
30	하나31호스팩	100	2024-03-05	4,065	4,830	2,015	141.5%	0.8%
31	비엔케이제2호스팩	80	2024-03-05	4,020	4,550	2,005	127.5%	0.3%
32	하나32호스팩	60	2024-03-27	4,875	7,030	2,500	251.5%	25.0%
33	신한제12호스팩	100	2024-04-15	4,500	5,300	2,105	165.0%	5.3%
34	신한제13호스팩	60	2024-04-22	5,900	6,070	2,195	203.5%	9.8%

35	하나33호스팩	70	2024-04-24	5,100	5,200	2,150	160.0%	7.5%
36	유안타제16호스팩	103	2024-05-02	3,115	3,300	2,005	65.0%	0.3%
37	에스케이증권제12호스팩	60	2024-05-07	2,800	3,055	2,090	52.8%	4.5%
38	KB제28호스팩	100	2024-05-17	2,330	2,600	2,030	30.0%	1.5%
39	미래에셋비전스팩4호	133	2024-05-29	2,840	7,080	2,255	254.0%	12.8%

2023년 6월 26일 이후 상장한 스팩의 상장 당일 주가

스팩 공모주 투자 시 주의할 점이 있습니다. 상장 당일 주가가 급등하면 반드시 당일 매도하는 것이 필요합니다. 2023년 6월 26일 이후 상장한 스팩의 상장 당일 주가 상승률은 최고 299%, 평균 134%에 달했지만, 종가 평균은 17%에 불가하며 -7%를 기록한 것도 있습니다. 2024년 2월 29일 상장한 유진스팩10호는 장중 6,150원까지 상승했지만, 종가는 결국 2,230원으로 마감했습니다.

유진스팩10호 상장 당일 분봉 차트(출처 : LS증권 HTS)

합병 발표 이전에 스팩 주가가 급등하는 현상은 수급에 의한 비정상적인 상황입니다. 이런 경우는 당일 장 마감 시 또는 익일에 거품이 사라져 공모가 수준으로 복귀할 확률이 상당히 높습니다. 유진스팩10호의 상장 당일 분봉 차트를 보면 장 초반 오전 10시에 최고가를 찍은 이후 빠지기 시작해 장 마감 시간이 다가올수록 주가가 급락하는 것을 확인할 수 있습니다. 표 '2023년 6월 26일 이후 상장한 스팩의 상장 당일 주가'를 보면 전체 39개 스팩 중 10개 종목을 제외한 나머지 29개 종목은 모두 장 초반에 급등한 뒤 종가가 공모가 대비 10% 이하로 하락했습니다. 장기 투자용으로 가져갈 스팩이라면 장 마감 직전 또는 익일 거품이 빠진 이후에 다시 매수하면 됩니다.

공모주 청약은 수익률도 높고, 투자금 회수도 빠르지만, 높은 경쟁률 때문에 수량 확보에 한계가 있습니다. 즉, 돈이 있어도 모두 투자할 수 없습니다. 100% 이상의 수익률을 기대할 수 있지만, 투자금의 한계로 종목당 10만~50만 원 정도의 수익을 기대할 수 있습니다. 크지 않다고 생각할 수도 있지만, 감내해야 할 리스크와 노력을 고려하면 불평할 수준은 아닙니다. 부업으로 이 돈을 번다고 생각하면 절대 무시할 수 없습니다.

합병을 기다리는 스팩 투자는 인내심이 필요합니다. 지겨운 기다림 속에서 소소한 용돈벌이 또는 부업 느낌으로 스팩 공모주를 활용한다면 좋겠죠? 스팩 공모주 투자의 유효성은 제가 운영하는 스팩오답노트 네이버 카페 회원 수익 인증 사례를 참고하면 됩니다.

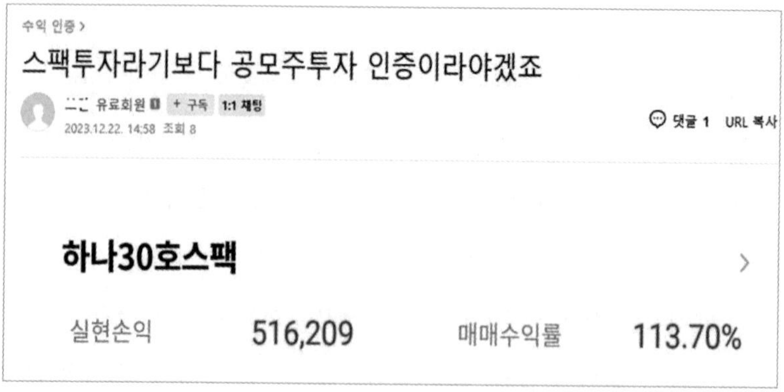

카페 회원의 스팩 상장 당일 매도 수익 인증 사례(출처 : 스팩오답노트 네이버 카페)

고액 자산가에게 매력적인 스팩 차액 거래

스팩은 상장 이후 3년 내 합병에 실패하면 상장폐지됩니다. 상장폐지되면 공모가에 해당 기간 동안 발생한 이자를 돌려줍니다. 주식 시장이 이성적이라면, 해당 스팩 가격은 청산 분배금과 같은 수준으로 거래돼야 하지만 실제는 그렇지 않습니다. 이를 활용해 단기 금리 차익을 먹는 투자도 가능합니다. 스팩 예상 청산 금액을 숙지하고, 적정 가격에서 매수한다면, 상장폐지 직전에 매수해 3~4개월 뒤 2.6~4.0%대 수익을 만들 수 있습니다. 낮은 수익률이지만 연이율로 환산하면 8~10%

대 고금리 예금 상품입니다. 다음은 상장폐지 예정 종목의 투자 유효성을 증명하고 기록하기 위해 실제로 실천했던 미래에셋대우스팩5호 투자 사례입니다.

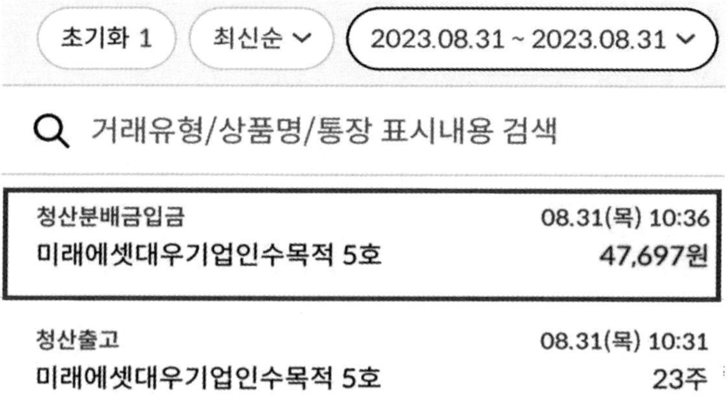

미래에셋대우스팩5호의 상장폐지 이후 청산 분배금 입금 화면(출처 : 한국투자증권 MTS)

0. 스팩 정보: 미래에셋대우스팩5호, 증자 등기일(2020년 8월 25일). 합병을 추진하지 않았다면 2023년 2월 24일이 관리 종목 지정일이나 합병 진행을 철회해 4월 3일 관리 종목으로 지정.

※미래에셋대우스팩5호는 정상적이라면 증자 등기 이후 2년 6개월이 경과된 시점인 2023년 2월 24일 관리종목으로 지정됐어야 하지만, 해당 시점에 합병 심사를 받고 있었음. 2023년 3월 31일 합병을 철회해 4월 3일 관리 종목으로 지정되었고, 한달 뒤인 5월 3일 최종 상장폐지됨.

1. 매집 기간 : 2023년 4월 6일(하루)

2. 매수평단 : 2,010원

3. 매도일자 : 2023년 8월 31일(상장폐지 청산)

4. 매도평단 : 2,074원(배당 소득세 15.4% 차감 후 수익)

5. 투자 금액 : 46,230원(2,010원 × 23주)

6. 실현 수익 : 1,467원 수익(3.2%), 투자기간 146일(약 4.85개월), 연 이율 환산 시 7.9%

저는 합병 이전에 스팩을 적립하고 합병 이후 매도하는 전략을 메인으로 해, 소액으로 투자 유효성에 대해 검증만 했지만, 카페 회원 중에는 해당 투자만 주로 하는 분도 있습니다.

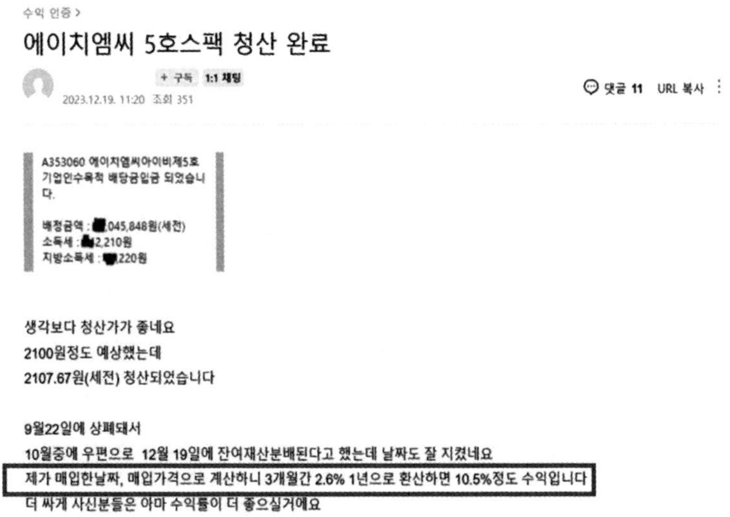
수익 인증 >

에이치엠씨 5호스팩 청산 완료

+ 구독 1:1 채팅

2023.12.19. 11:20 조회 351

댓글 11 URL 복사

A353060 에이치엠씨아이비제5호
기업인수목적 배당금입금 되었습니
다.

배정금액 : [redacted],045,848원(세전)
소득세 : [redacted]2,210원
지방소득세 : [redacted]220원

생각보다 청산가가 좋네요
2100원정도 예상했는데
2107.67원(세전) 청산되었습니다

9월22일에 상폐돼서
10월중에 우편으로 12월 19일에 잔여재산분배된다고 했는데 날짜도 잘 지켰네요
제가 매입한날짜, 매입가격으로 계산하니 3개월간 2.6% 1년으로 환산하면 10.5%정도 수익입니다
더 싸게 사신분들은 아마 수익률이 더 좋으실거에요

스팩오답노트 카페 회원 상장폐지 스팩 수익 인증 사례(출처 : 스팩오답노트 네이버 카페)

진짜 게임은 스팩 합병 투자

앞서 살펴본 두 가지 방법 모두 원금 손실 위험 없는 좋은 투자 방법이지만, 아쉬운 점도 있습니다. 상장 첫날 이상 급등으로 단기간에 높은 수익률을 기록할 수 있지만, 공모주 청약으로는 100만 원 이상의 수익을 올리기 어렵습니다. 용돈벌이로는 문제가 없지만, 메인 투자로는 아쉬움이 남습니다. 이런 이상 급등 현상이 언제까지 지속될지도 알 수 없습니다.

상장폐지 스팩을 활용한 차액 거래는 수익률 자체가 높지 않습니다. 예금보다 높은 금리를 먹기 위한 투자입니다. 이런 투자에서 의미 있는 수익을 확보하기 위해서는 투자금이 커야 합니다. 1억 원을 투자해야 300만~400만 원을 벌 수 있습니다. 당장 목돈이 없다면 흥미가 떨어질 수밖에 없습니다.

그래서 저는 주식매수청구권이라는 안전장치가 있는 합병 공시 이전의 스팩을 매수해 합병 승인 이후에 매도하는 것을 메인으로 가져갑니다. 이를 위해 과거 통계를 기반으로 합병 성공 확률이 높았던 증권사(신영증권, 대신증권, IBK증권 등), 공모자금 규모(150억 원 미만), 가격(원금을 잃지 않는 가격)을 고려해 20~30개 스팩을 종목당 500만 원에서 천만 원씩 투자하는 것을 목표로 합니다. 스팩 선별 과정에 필요한 통계와 스팩을 선별하는 과정은 7장과 8장에서 상세히 설명하겠습니다.

지금 당장 목돈이 없어도 스팩이 합병 법인을 물색하는 동안 꾸준히 매집할 수 있습니다. 천만 원 매집 전에 합병해버리면, 다른 종목에 재투자하면 됩니다. 이 과정을 반복하면 목표 금액을 매집하는 기간은 점점 빨라집니다.

이 투자 방법은 과실을 보기까지 꽤 오랜 시간이 걸릴 수도 있습니다. 합병회사를 찾는 데 걸리는 시간도 있고, 약 33%의 종목은 합병회사를 찾지 못해 상장폐지되기 때문입니다.

원칙대로 매수한 스팩이 상장폐지되는 것을 실패라고 한다면, 스팩 투자 실패의 대가는 고작 기회비용 손실 정도입니다. 원금을 잃지 않았으니, 다음 종목 시드머니로 활용할 수 있습니다. 원금을 모두 날릴 수도 있는 일반 주식 투자 실패와는 데미지가 전혀 다릅니다. 반면 합병에 성공하면 2장에서 살펴봤던 것처럼 800% 이상의 수익률도 기대할 수 있습니다.

그런데도 스팩 투자는 인기가 없습니다. 단기간에는 그 수익을 얻을 수 없기 때문입니다. 영화마저 유튜브로 요약본을 보는 요즘 시대에는 기다리는 것이 어쩌면 더 힘든 일인지도 모르겠습니다.

2차 전지 관련주로 차를 바꿨다는 김 과장, 초전도체가 미래라는 박 차장 말을 듣고 있으면, 내 스팩이 합병에 성공하지 못하고 상장폐지되면 큰 손실은 없겠지만, 그동안의 시간을 날린다는 생각이 들어 스팩을 매도하고 일반 주식을 매수합니다. 일반 주식으로도 돈을 벌 수는 있겠지만, 꾸준한 수익을 내는 것은 참 힘든 일입니다. 다른 누군가는 처음 스팩을 매수하고 기다렸으나, 허무하게 상장폐지돼 스팩 투자를 멈출 수도 있습니다.

일반 주식에 비하면 공부할 내용도 적고, 원칙만 지킨다면 원금 손실이 없거나, 최소한의 손실로 운영하면서 매력적인 수익률을 기대할 수 있는 스팩이지만, 끝까지 지속하지 않는다면 그 과실을 누릴 수 없습니다.

Part 06

스팩 투자의
단점과 주의 사항

◇

key point

상장폐지를 당해도 채권 가치가 있는 스팩은 하락장에서도 많이 빠져야 -5% 정도입니다. 반면 대한민국을 대표하는 삼성전자도 10만 전자를 보고 21년 초 9만 원대에 진입한 사람이라면 거의 반 토막까지 갔습니다.

스팩 투자의 단점과 극복 방법

스팩 투자에도 단점도 존재합니다. 주로 언급되는 세 가지 단점에 대해서 살펴보겠습니다.

1) 적은 거래량

스팩은 상장 당일을 제외하고는 일반적으로 합병 발표 이전에는 거래량이 적습니다. 스팩이 타 회사 합병을 유일한 목적으로 하는 회사이니 당연한 현상입니다. 적은 거래량은 단기 투자를 선호하는 사람에게는 불리한 조건입니다. 특히 데이 트레이딩은 주가의 높은 변동성을 활용해 수익을 창출하는 전략으로, 큰 거래량이 필요합니다.

저도 전업 투자하는 친구를 따라 데이 트레이딩을 시도한 경험이 있습니다. 투자 총액은 비교적 소액인 수천만 원 단위였지만, 거래 금액은 단 3개월 동안 약 20억 원에 달했습니다. 데이 트레이딩에서는 통상적으로 승률과 수익률이 반비례하는 경향이 있습니다. 높은 승률을 유지하는 매매 기법의 경우, 한 번 매매에서 목표하는 수익은 보통 1~3% 수준입니다. 3% 수익률로 목표 수익 금액을 달성하기 위해서는 큰 판돈이나 잦은 매매가 필수입니다. 데이 트레이딩 관점에서는 스팩, 특히 합병 전의 스팩은 거래 대상으로 적합하지 않습니다. 원하는 시점에서 대량으로 매수하고 매도할 수 없기 때문입니다.

스팩을 단기 투자가 아니라 분할 매수로 접근하면 적은 거래량은 큰 문제가 되지 않을 수 있습니다. 합병 이전, 대중의 관심이 적을 때 차곡차곡 매집했다가, 합병 이후 주가가 상승했을 때 매도하는 전략을 사용하면 됩니다. 잦은 거래는 많은 수익 창출 기회를 의미할 수 있지만, 그만큼 위험에도 자주 노출된다는 것을 명심해야 합니다.

2) 적은 매수 찬스

원금 보장을 위해서는 공모가 미만에서 매수해야 하는데, 이런 기회는 쉽게 오지 않습니다. 그러나 과거 기록을 살펴보면 이런 기회가 반복적으로 발생했다는 사실을 확인할 수 있습니다.

스팩이라는 투자 상품은 적정 가격에 매수해서 3년만 기다리면, 원금을 돌려받을 수 있다는 안정성을 제공합니다. 그런데도 손절하는 투자자가 많습니다. 주식 시장에서 스팩만 투자하는 사람이 많지 않기 때문입니다. 왜 주식 투자를 할까요? 근로 소득보다 더 빨리, 그리고 더 많이 돈을 벌고 싶기 때문이겠죠? 이런 점에서 합병회사를 찾기 전까지 주가 변동이 없는 스팩 투자는 지루합니다. 그래서 스팩만 투자하는 사람이 많지 않습니다.

스팩과 일반 주식을 병행하는 투자자가 2023년 하반기 같은 하락장을 만났다고 가정해 봅시다. 하락장에는 스팩 역시 떨어지고, 공모가 아래에서 거래되는 스팩도 많습니다. 왜 그럴까요?

상장폐지를 당해도 채권 가치가 있는 스팩은 하락장에서도 많이 빠져야 -5% 정도입니다. 반면 대한민국을 대표하는 삼성전자도 10만 전자를 보고 21년 초 9만 원대에 진입한 사람이라면 거의 반 토막까지 갔습니다.

이런 상황에서 대부분의 투자자는 수익 구간에 있거나, 덜 빠진 종목을 팔아서 빠진 종목에 물타기를 하려고 합니다. 추가 매수로 매수평단을 낮추고 버티면 탈출할 가능성이 높은 삼성전자이기 때문입니다. 10만 원에서 5만 원이 될 때는 50%가 빠졌지만, 다시 본전이 되려면 100%가 올라야 합니다. 본전을 빨리 찾으려면 평단을 낮춰야 합니다. 이런 상황이 발생하면 아무리 원금을 보장받을 수 있는 스팩이라도 헐값에 팔아버리고 싶어집니다. 지금 당장 큰 손실을 보는 것도 아니고, 언제 합병에 성공할지도 모르기 때문입니다. 이것이 주식하는 사람 대부분의 심리입니다.

그래서 기다리면 반드시 스팩을 저가에 매수할 수 있는 기회가 옵니다. 대신 자주 오는 것은 아니니, 공모가 미만의 괜찮은 스팩이라면 줄 때 많이 사둬야겠죠? 잘못해 봐야 은행 예금 이자 정도는 회수할 수 있는 투자인데 두려워할 이유가 없습니다. 그런데 신기하게도 많은 사람이 가능성이 아주 희박한 신약을 개발하는 바이오 회사나 코인에 전 재산을 몰빵합니다.

3) 최대 3년의 자금 묶임

마지막으로 고려해야 할 단점은 최대 3년의 자금 묶임입니다. 공모가에 매수한 스팩이 합병에 성공하지 못할 수 있으며, 이 경우 최대 3년 동안 자금이 묶여 유동성이 부족해집니다. 데이 트레이딩에 주력하는 투자자라면 싫어할 상황입니다.

'현금은 손에 움켜쥔 모래알과 같다.'라는 말이 있습니다. 나이가 들수록 자의든, 타의든 수십수만 가지의 돈 쓸 이유가 생깁니다. 돈이 어딘가 강제로 묶여 있지 않다면, 온전하게 그것을 지키는 것은 생각보다 쉽지 않습니다. 이런 점에서 스팩에 돈이 묶이는 것은 오히려 장점이 될 수도 있습니다. 스팩에 투자한 자금이 일정 기간 묶이면, 그 기간 동안은 자산을 안정적으로 유지할 수 있으며, 합병 성공이나 상장폐지 후에는 회수한 돈으로 다시 투자할 수 있습니다. 저가에 스팩을 매수할 기회가 왔을 때 한 번에 충분한 수량을 확보할 수 있습니다.

스팩으로 손실 보는 세 가지 CASE

상장 이후 3년 안에 합병회사를 찾지 못해 상장폐지를 당해도, 공모가에 약 3년간 발생한 이자를 더해 돌려주고, 비우량 회사와의 합병으로 주가가 떨어지면 주식매수청구권을 사용할 수 있는 스팩도 손실을 볼 수 있습니다.

스팩은 일반 주식에는 없는 안전장치, 주식매수청구권이 있지만, 이는 합병 결의 이전 공모가 아래에서 매수한 주식을 상장폐지 또는 합병 성공 시까지 보유한 경우에만 해당됩니다.

1) CASE 1. 공모로 2,000원에 스팩 주식을 매수한 투자자가 상장폐지 전에 공모가 보다 낮은 가격에 매도하는 경우

2022년 5월 ~ 2023년 6월까지 상상인제13호스팩의 차트(출처 : Npay증권)

2022년 5월에 상장한 상상인제3호스팩의 청약에 참여해 공모가에 매입한 주주가 2022년 10월부터 2023년 1월까지, 국내 증시가 폭락했던 시기에 2,000원 아래 가격으로 매도하면 손실이 발생하게 됩니다. 실제로 해당 시점에 매도한 투자자도 많이 있습니다. 상상인제3호스팩이 상장폐지되는 2025년까지만 기다리면, 공모가 2,000원에 해당 기간 동안 발생할 이자까지 더한 가격으로 원금을 되돌려 받을 수 있는데, 왜 이러한 선택을 할까요? 하락기에는 스팩이 아닌 다른 종목 주가는 더 크게 빠집니다. 당장 현금이 필요한 상황이 발생하면, 상대적으로 하락 폭이 낮은 스팩을 매도하고 싶어집니다. 또 다른 가능성은 갈아타기입니다. 하락장에서도 상승하는 종목은 항상 있기 마련입니다. 특정 테마주에 지금이라도 투자하고 싶은 욕구가 생기는 겁니다. 이 경우, 상대적으로 덜 빠진 스팩을 매도하고 싶어지는 것입니다.

2) CASE 2. 스팩 상장 이후 공모가 보다 높은 가격에 매수해서 상장폐지까지 보유하는 경우

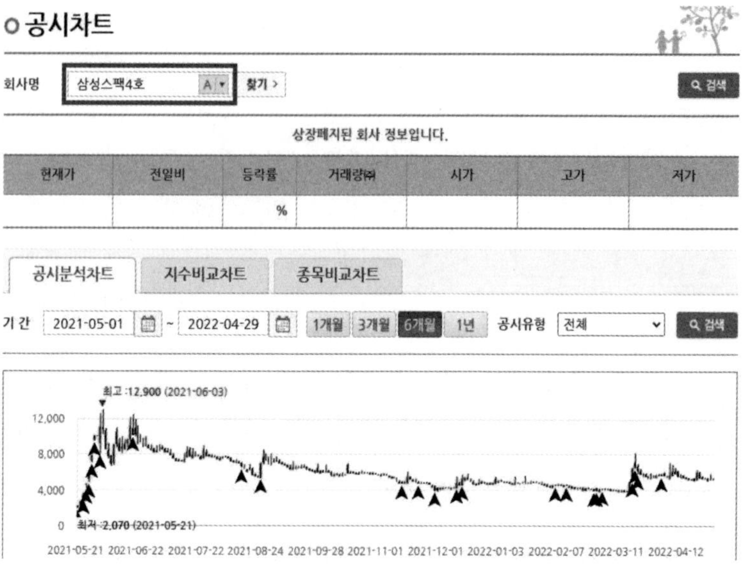

상장 초반 급등 이후 결국 합병에 실패한 삼성스팩4호의 차트

(출처 : 한국거래소전자공시 KIND)

공모가 보다 높은 가격에 매수해 낮은 가격에 매도하는 것은 당연히 손실을 보는 것이니 따로 언급하지 않겠습니다. 간혹 블로그에 '스팩이 상장폐지돼 청산 분배금이 지급될 때, 내가 매수한 가격에 이자를 더해서 주는 것인가요?'라고 문의하는 분이 있습니다. 스팩이 상장폐지되면 내가 매수한 가격이 아닌 스팩 공모가에 해당 기간 동안의 이자를 더한 값을 공모 이후 주주에게 분배합니다. 삼성스팩4호가 상장 이후 연속 상한가를 치는 것을 보고 1만 원에 추격 매수해서, 결국 합병에 실패해 상장폐지를 당했다면, 약 3년 뒤 내 통장에 남아있는 것은 주당 약 2,080원입니다. 대략 -80%의 손실입니다.

3) CASE 3. 합병 결정 후 주식매수청구권 사용 기한 종료에도 계속 가져가는 경우

합병 발표 이전 스팩을 공모가 아래에서 매수해도, 합병 승인 이후까지 계속 보유한다면 일반 주식과 동일한 위험에 노출됩니다. 주식매수청구권 사용 종료일을 기점으로 원금 보장 기능은 상실됩니다. 10배 이상의 수익을 추구하는 텐베거를 꿈꾸고 스팩 투자에 참여한 사람이라면, 100~200% 수익에도 만족하지지 못할 수 있습니다. 그래서 변경상장 이후까지 주식을 계속 보유할 수 있습니다. 그러나 실제로는 이러한 전략이 항상 성공적인 결과를 가져오지는 않습니다.

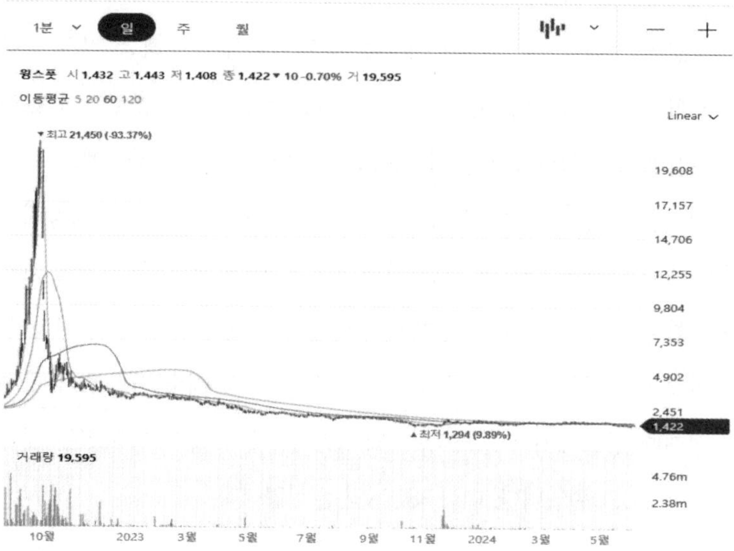

IBKS제12호스팩으로 합병 상장한 윙스풋의 2024년 6월까지의 차트(출처 : Npay증권)

2019년 12월 9일에 상장한 IBKS제12호스팩은 윙스풋과의 합병 이후 최고 21,450원까지 상승했지만, 합병 이후 주가가 계속 하락해 2024년 6월 8일 주가는 1,422원입니다.

물론, 윙스풋 사례만으로 전체 스팩의 주식매수청구권 종료일 이후 수익률이 나쁘다고 단정할 수는 없겠죠? 한국금융연구원에서 2022년 12월에 발간한 '국내 스팩의 성과 분석과 시사점'이라는 보고서에서 이에 대한 답을 찾을 수 있습니다. 해당 보고서에서는 2010년 1월에서 2022년 2월까지 합병에 성공한 111개 스팩의 주식매수청구권 종료 이후 수익률을 분석했습니다.

구분	신주 상장 후 수익률			
	7일 후	25일 후	180일 후	250일 후
신주 수익률 평균	-2.32%	-5.32%	20.00%	21.69%
신주 수익률 중앙값	-3.99%	-9.09%	-10.10%	-5.00%
초과 수익률 평균	-2.70%	-6.18%	10.40%	8.54%
초과 수익률 중앙값	-5.59%	-9.57%	-15.35%	-16.54%

합병 이후 스팩의 수익률 분석(출처 : 한국금융연구원 국내 스팩의 성과분석과 시사점)

주. 초과 수익률은 합병 후 기간의 수익률에서 합병 후 기간에 대응되는 기간에 측정된 시장수익률을 차감한 것이다. 7일 후, 25일 후, 180일 후, 250일 후 수익률의 표본 관측치 수는 각각 110, 110 ,100, 97개이다.

합병에 찬성하는 일반 투자자가 스팩 주식과 교환해 취득한 신주를 상장 이후 일정기간 보유할 때 나타나는 합병 후 기간 수익률은 스팩 기간 수익률을 크게 하회하였으며, 모든 수익률 측정 구간에서 음(-)의 값을 갖는 것으로 추정됐다. 이는 합병에 찬성해 신주를 보유하게 되는 일반 투자자의 경우 투자 수익을 올리기는커녕 투자원금마저 회수하기 어려울 수 있음을 의미한다. 더욱이, 합병 후 기간의 수익률은 신주의 보유기간이 장기화될수록 마이너스 폭이 더욱 확대되는 장기 저성과 현상을 보였다. 연율 중앙값을 기준으로 합병 후 기간 수익률은 신주상장 이후 7영업일, 25영업일, 180영업일, 250영업일이 지난 구간에서 각각 약 △4.0%, △9.1%, △10.1%, △5.0% 로 나타났다. 특히, 합병 후 기간의 장기 저성과 현상은 시장수익률 대비 초과 수익률을 기준으로 합병 후 기간의 수익률을 측정할 때 더욱 심화되는 것으로 나타났다. 이러한 결과는 일반 투자자가 합병에 따라 취득한 신주를 보유하는 기간이 늘어날수록 손실위험이 더욱 확대될 수 있음을 시사하는 것이다.

-한국금융연구원 '국내 스팩의 성과분석과 시사점' 중에서-

발기인은 일반 공모가의 절반인 천 원에 스팩을 매입합니다. 합병 이후 주가가 2,000원만 가도 100% 수익이 나는 것이죠. 발기인이라면 의무 보유 기간이 끝나면 매도하고 싶겠죠? 그래서 이 시점에 대량 매도가 발생할 가능성이 높습니다. 이는 주가 하락을 의미합니다.

발기인 입장에서 생각해 보면, 합병에 성공한 스팩의 추가 상승을 기대하는 것보다, 반값에 매수할 수 있는 새로운 스팩을 만들어 다시 합병시키는 게 더 쉬운 일 아닐까요?

Part 07

좋은 스팩을 고르는 방법
- 스팩 관련 통계에 답이 있다

◇

key point

만약, 스팩 포트폴리오를 구성하는 과정에서 단 한 가지 변수만 선택해야 한다면, 저는 스팩 크기로 포트폴리오에 담을 것과 그렇지 않을 것을 판단할 것입니다.

저렴한 스팩을 찾는 방법 - 예치 이율을 확인하자

 # 통계 관련 용어 정의 및 수익률 산정 기준

-스팩 기간 : 상장 이후 주식매수청구권 종료일까지의 기간

-수익률 : 공모가에 매수해서 주식매수청구권 종료일 종가에 매도하는 기준

2장에서 스팩 투자가 쉬운 이유 중 하나로 '싸다'의 기준이 명확하다는 점을 들었습니다. 상장폐지를 당하거나, 주식매수청구권을 사용해야 하는 상황이 발생해도 원금 손실 없는 가격을 저렴하다고 할 수

있습니다.

저렴한 스팩을 찾기 위해서는 스팩별 예상 청산 가격을 산출해야 합니다. 예상 청산 가격은 스팩 예치 이율로 추정할 수 있습니다. 스팩은 상장폐지나 주식매수청구 예정 가격을 산정할 때, 공모가에 해당 기간 동안 발생한 이자를 더한 값으로 돌려준다고 했으니까요. 스팩 예치 이율은 통상 2년 차 이율 변동 시점 공시로 확인할 수 있습니다.

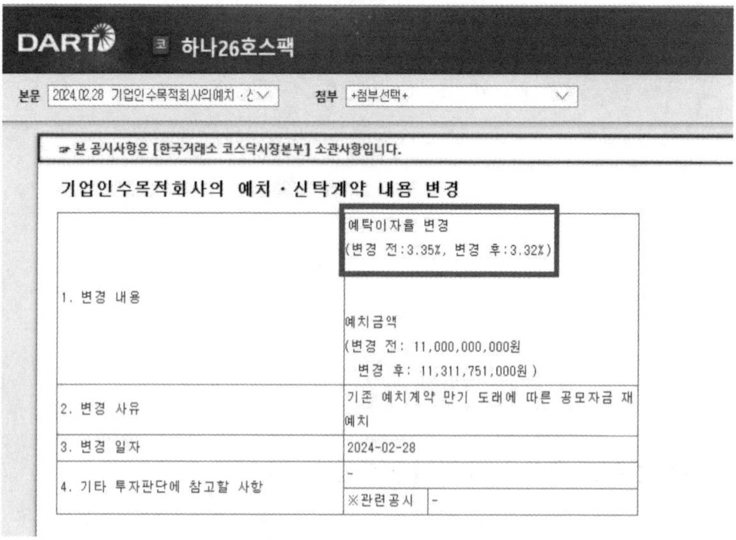

DART 코 하나26호스팩

본문 2024.02.28 기업인수목적회사의예치 · 신 첨부 +첨부선택+

☞ 본 공시사항은 [한국거래소 코스닥시장본부] 소관사항입니다.

기업인수목적회사의 예치 · 신탁계약 내용 변경

1. 변경 내용	예탁이자율 변경 (변경 전:3.35%, 변경 후:3.32%) 예치금액 (변경 전: 11,000,000,000원 변경 후: 11,311,751,000원)
2. 변경 사유	기존 예치계약 만기 도래에 따른 공모자금 재예치
3. 변경 일자	2024-02-28
4. 기타 투자판단에 참고할 사항	- ※관련공시 -

하나26호스팩의 예치 이율 변경 공시(출처 : DART)

문제는 신규 상장한 스팩은 1년 차 예치 이율을 별도 공시하지 않는다는 것입니다. 투자 설명서에 청산 분배금 산정 예시를 위해 금리를 표기하지만, 이는 실제 금리와 일치하지 않습니다.

실제 적용 금리를 확인하기 위해서는 해당 스팩의 증권발행실적보고서 등 공시 자료에 있는 작성 책임자 또는 본점 소재지로 전화해서 문의해야 합니다. 통화하는 행위가 어색할 수 있지만, 전화해서 물어보면 대부분 친절하게 안내해 줍니다. 간혹 알려줄 수 없다는 경우도 있는데, 금감원에 민원을 넣었더니 알려줬습니다. 투자자의 당연한 알 권리이니 주저할 필요가 없습니다.

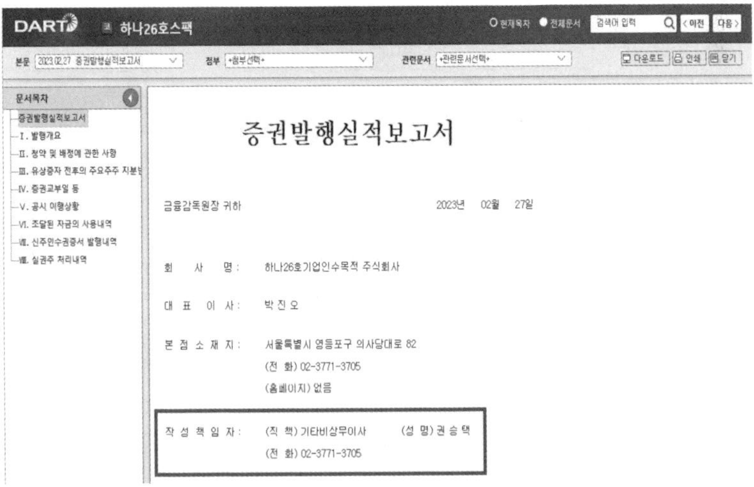

스팩 담당자를 확인 할 수 있는 증권발행실적보고서(출처 : DART)

그래도 전화하기 싫다면 한국증권금융 홈페이지 금리를 활용하면 정확하지는 않아도 유사한 금리를 추정해 볼 수 있습니다. 한국증권금융은 '기업인수목적회사예수금'이라는 스팩 공모자금 예치를 위한 전용 예금 상품 금리를 사이트에 공시하고 있습니다. 실제 금리는 예치 기간이나 예치 기관에 따라 상이하지만, 큰 차이는 없습니다. 시중 예금 금리와 유사한 수준으로 연동됩니다.

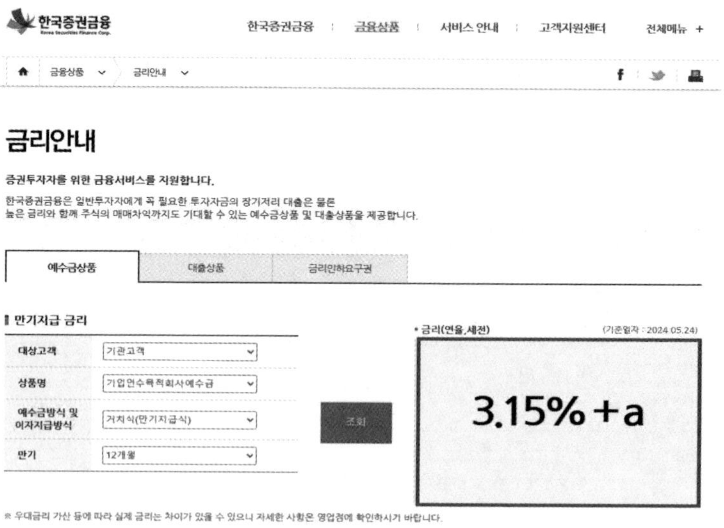

스팩 예치 자금의 적용 금리를 확인할 수 있는 한국증권금융 홈페이지(출처 : 한국증권금융)

전화를 하거나 한국증권금융 사이트에서 종목별로 예치 이율을 확인하는 것이 어려운 일이 아닙니다. 단지 조금귀찮을 뿐입니다.

크기는 확실히 중요하다 - 발행 금액별 통계

2024년 1월 국내 증시가 하락하는 와중에도 DB금융스팩10호와 합병에 성공해 상장한 한빛레이저는 상장과 동시에 최대 상승 폭까지 도달했습니다. 이후에도 지속적인 상승세를 이어가 추세를 만들었습니다. 이는 합병 승인을 받은 다른 스팩의 주가도 끌어올렸고, 단기간에 공모가 대비 80~187%까지 상승했습니다.

구분	시가총액 (억 원)	공모가 (원)	2024.1.4		2024.1.15	
			주가 (원)	공모가 대비	주가 (원)	공모가 대비
하나금융25호 스팩	408	10,000	9,490	-5.1%	10,000	0.0%
엔에이치스팩 20호	502	10,000	9,850	-1.5%	10,040	0.4%
교보11호스팩	128	2,000	2,890	44.5%	3,805	90.3%
케이비제22호 스팩	160	2,000	3,060	53.0%	3,635	81.8%
IBKS제19호 스팩	160	2,000	3,150	57.5%	5,740	187.0%
하나머스트7호 스팩	212	2,000	4,930	146.5%	5,140	157.0%

2024년 1월 4일, 1월 15일 합병 승인받은 스팩의 주가 비교

합병 승인받은 스팩들이 추세에 올라타 주가가 상승하는 와중에도 철저히 소외된 두 종목이 있었습니다. 바로 하나금융25호스팩과 엔에이치스팩20호입니다. 두 종목의 공통점은 발행 금액이 300억 원이 넘는 초대형 스팩이라는 것입니다.

300억 원이 넘는 초대형 스팩은 2014년 이후 흥행 부진으로 사라졌다가, 2021년 엔에이치증권에서 960억 원 규모의 초대형 스팩인 엔에이치19호스팩을 출시하면서 부활했습니다. 초대형 스팩을 출시할 때만 해도 대형 중견기업을 타깃으로 할 수 있다는 점에서 기대를 받았지만, 2024년 현재까지는 주가와 합병 성공률 모두 시장에서 외면받고 있습니다. 실제로 엔에이치19호스팩은 오아시스와 합병을 시도한다는 기사가 나왔지만, 끝내 성사시키지 못하고 상장폐지됐습니다.

합병 발표 이후 대형 스팩 주가가 부진한 이유에 대해서 저는 이렇게 생각합니다. 스팩과 합병하는 회사는 특수한 경우를 제외하고는 모두 대중에게 생소한 기업입니다. 아직 상장하지 않았으니 공시 자료도 없습니다. 스팩 합병하는 회사가 인류의 운명을 바꿀 신약을 개발하거나, 반도체 생산성을 100배 향상시키는 혁신 장비를 판매하는 곳도 아닙니다.

결국 이들의 주가를 올리는 것은 특정 주체의 의지입니다. 주가를 올리는 세력 입장에서 대형 스팩은 매력적이지 않을 것 같습니다. 소형 스팩보다 더 많은 돈이 들어가기 때문입니다.

대형 스팩 합병 성공률이 저조한 것은 결국 수요가 적다는 의미이기도 합니다. 대형 스팩과 합병할 정도의 중견 기업은 직상장을 더 선호합니다. 만약, 스팩 포트폴리오를 구성하는 과정에서 단 한 가지 변수만 선택해야 한다면, 저는 스팩 크기로 포트폴리오에 담을 것과 그렇지 않을 것을 판단할 것입니다. 이유는 2010년 이후 국내에 출시해서 2024년 6월 기준, 합병 또는 상장폐지 완료된 228개 종목의 과거 통계가 설명해 줍니다.

발행 규모	총 발행 스팩 (개)	합병성공 스팩 (개)	합병 성공 비율	평균 수익률	최대 수익률
0~50억 원	10	8	80%	81%	168%
50~100억 원	142	96	68%	68%	898%

100~150억원	48	36	75%	44%	483%
150~200억원	15	9	60%	59%	210%
200~300억원	7	3	43%	17%	31%
300~400억원	3	1	33%	-1%	-1%
400~500억원	1		0%		
500~1,000억원	2		0%		
합계	228	153	67%	61%	898%

발행 규모별 스팩 합병 성과

대형 스팩은 합병 성공 확률도 낮지만, 합병 이후 수익률도 큰 차이를 보입니다. 스팩 크기는 합병 이후 매도를 추구하는 투자자에게만 중요한 것은 아닙니다. 상장 당일 매도를 노리는 공모주 투자자에게도 중요합니다.

스팩 상장 당일 급등 현상은 과거에도 종종 있었지만, 2023년 6월 26일 국내 증시의 제도 변화 이후 더욱 심해졌습니다. 기존에는 공모가의 90~200%에서 결정된 기준가 대비 상장 당일 제한폭을 ±30%로 적용했습니다. 2023년 6월 26일 이후에는 가격 제한폭이 공모가의 60~400%로 확대됐습니다. 덕분에 공모주를 투자하는 사람이 늘어났고, 스팩에 대한 관심도 조금은 커진 거 같습니다.

저 역시 스팩 공모주 투자를 마다하지 않습니다. 수중에 여유 자금이 있다면 항상 가능한 모든 금액을 동원해서 청약합니다. 공모가에 스팩을 취득할 수 있는 가장 확실한 방법이기 때문입니다. 공모가에 매수한 스팩은 원금을 잃을 위험이 없으니 손해 보는 장사가 아닙니다.

이런 공모주 열기 속에서도 예외는 있습니다. 2024년 6월 기준으로, 2023년 6월 26일 이후 신규 상장한 스팩은 39개입니다. 이중 장중 최고가를 기록한 것은 공모가 대비 299% 상승한 종목도 있으며, 평균 134% 상승했습니다. 해당 기간 중 단 한 종목만 상장 당일 공모가를 한순간도 넘지 못했습니다. 바로 발행 금액 378억 원의 신한제11호스팩입니다. 상장 당일 스팩 공모주 매도를 노리는 투자자라도 대형 스팩은 피하는 게 좋겠죠?

어떤 증권사가
잘할까?

스팩 크기만큼이나 중요한 것은 증권사입니다. 특정 증권사의 과거 성과가 미래에도 그대로 유지된다는 보장은 없습니다. 증권사가 스팩 합병을 추진하는 일련의 과정 역시 일종의 영업입니다. 자체 IPO를 할 수도 있는 비상장 회사를 찾아서, 스팩 합병을 하도록 설득하고, 계약까지 마무리해야 합니다.

스팩 합병을 고려하는 비상장사 입장에서 생각해보면, 2024년 6월 8일 기준, 합병 발표 이전 스팩이 77개나 있습니다. 합병으로 조달할 수 있는 공모자금 크기도 대부분 거기서 거기입니다. 합병을 유일한 목적으로 하는 회사이다 보니, 겉으로는 특별한 메리트가 있는 스팩이 없습니다. 개인 투자자처럼 스팩 상장을 고려하는 비상장사도 특별한 정보가 없기는 마찬가지이고, 이런 상황에서 합병할 스팩을 선택해야 하는 것입니다. 이들도 결국 증권사의 과거 실적에 의존할 수밖에 없습니다.

실제로 상장을 준비 중인 중견 물류회사 오너의 아들과 상장 방법에 관해 대화한 적이 있습니다.

Q1. 상장하려는 이유가 뭡니까?

A1. 법인(회사)이 돈을 벌어도, 오너가 그 돈을 만지는 것은 쉽지 않습니다. 월급과 배당을 인상할 수 있지만, 어마어마한 세금이 발생합니다. 이상적인 방법은 상장을 통해 회사 지분을 일반 주주에게 판매해 현금을 만드는 것입니다. 오너 지분이 줄어들지만, 50% 이상만 보유하면 회사 경영권은 유지할 수 있습니다.(대기업은 훨씬 적은 지분으로도 가능합니다.) 그리고 상장하면 환금성이 좋아집니다. 사업체를 상장 전에 매각할 수도 있지만, 상장 후 매각하면 가치가 약 3배 높아집니다.

Q2. 생각하는 상장 방식이 있을까요? 스팩 상장도 시나리오에 있나요?

A2. 회장님은 직상장을 원하는데, 상황이 어려우면 스팩

상장도 고려하고 있습니다.

Q3. 직상장을 선호하는 이유가 뭘까요?

A3. 시장이 좋을 때는 직상장이 훨씬 큰돈을 만질 수 있습니다. 하지만 직상장을 위해서는 준비해야 할 것이 생각보다 많고, 까다롭습니다. 미래 매출을 어떻게 포장(부풀리기?)할 것인가 등등. 현재는 시장이 너무 안 좋아서 많은 스타트업이 상장을 미루고 있고, 저희 회사 역시 천천히 생각하고 있습니다.

Q4. 오너 입장에선 상장 초기 주가가 올랐으면 하는 마음도 있겠네요?

A4. 그렇습니다. 아무래도 상장 시에는 장밋빛 미래 전망을 기반으로 가치를 산정하다 보니, 상장 이후 주가가 떨어지는 경우가 많습니다. 떨어지면 그때 다시 매입하면 됩니다.

차도 팔아본 딜러가 많이 파는 것처럼 스팩 합병 역시 경험이 중요합니다. 회사 생활을 오래 한 사람은 알겠지만, 회사에는 성과를 내는 조직(사람)과 그렇지 않은 조직(사람)이 대충 정해져 있고, 이는 보통 잘 변하지 않습니다. 저는 회사에서 어떤 업무가 떨어지면 과거 보고서부터 찾아봅니다. 과거 보고 내용과 비슷한 유형의 업무라면 동일한 양식을 사용해서 금방 일을 끝낼 수 있습니다. 만약 이 업무를 이제 막 입사한 신입 직원에게 시키면 어떨까요? 모든 것을 새로 시작해야 하기에 더 오랜 시간이 걸릴 확률이 높습니다.

스팩 합병 역시 증권사 직원이 수행하는 일입니다. 과거 합병 경험이 많았던 조직일수록 합병을 위해 필요한 요건을 준비하거나, 미래 매출을 산정하는 과정이 훨씬 수월하겠죠?

과거 합병 경험이 많을수록 합병을 추진할 후보 업체도 많이 가지고 있을 확률이 높습니다. 과거에 스팩 합병을 시도했지만, 당시에는 영업이익이 부족했거나, 시대 흐름에 맞지 않았던 업종의 회사도 시간이 지나면 상장에 적합한 조건을 갖출 수 있습니다. 이 경우 기존에 스팩 합병을 검토했던 증권사라면 다른 증권사보다 서류 준비가 훨씬 빠르겠죠?

실제로 대신밸런스제13호스팩은 2023년 4월에 유디엠텍과 합병을 시도했으나, 8월에 합병 심사를 철회했습니다. 그러나 약 3개월 뒤인 2023년 11월에 유디엠텍과 합병을 재추진하기 위해 거래소에 예비 심사를 청구했습니다.

스팩 합병을 증권사 단독으로 처리하는 것은 아니지만, 과거 통계를 확인하면 증권사별 역량 차이는 확실히 존재합니다. 모든 스팩을 살 수 있다면 좋겠지만, 투자금에 한계가 있습니다. 과거 합병 실적이 좋은 증권사 스팩을 우선순위로 매입한다면, 더 좋은 결과를 기대할 수 있지 않을까요? 좀 더 구체적으로는 전체 평균 67%를 뛰어넘는 증권사 스팩 위주로 구성하는 것이 좋습니다. 합병 성공 확률만 고려하면 신영증권, 교보증권, 대신증권, IBK투자증권, 하나증권 등이 눈에 들어옵니다.

증권사	총 발행 스팩 (개)	합병/상폐 완료 스팩 (개)	합병성공 (개)	합병 성공 비율	평균 수익률
하나증권주식회사	33	21	17	81%	37%
엔에이치투자증권주식회사	30	23	17	74%	49%
IBK투자증권	25	20	17	85%	117%
케이비투자증권	26	21	14	67%	39%
대신증권	18	13	11	85%	74%
미래에셋증권 주식회사	19	14	7	50%	114%
유안타증권	17	9	6	67%	54%
교보증권	13	9	8	89%	61%
신한투자증권 주식회사	13	9	6	67%	53%
한화투자증권	13	11	4	36%	17%
한국투자증권	13	10	5	50%	43%
DB금융투자주식회사	11	10	7	70%	63%
SK증권	12	7	3	43%	55%
신영증권	10	7	7	100%	68%
유진투자증권	10	7	5	71%	64%
삼성증권	9	5	2	40%	179%
하이투자증권	9	7	5	71%	19%
키움증권	8	5	2	40%	27%
상상인증권	7	5	2	40%	17%
현대차증권주식회사	5	4	2	50%	26%
LS증권	4	4	1	25%	0%
다올투자증권 주식회사	3	3	2	67%	70%
케이프투자증권주식회사	2	2	2	100%	89%
비엔케이투자증권	2				
교보증권 비엔케이투자증권	1	1	1	100%	-21%
부국증권	1	1			
합계	314	228	153	67%	61%

증권사별 스팩 합병 실적(국내 스팩 제도 탄생 이후 2024년 6월까지 전체 스팩)

증권사별로 다른 합병 패턴과 공략법

스팩과 합병에 성공하는 것을 증권사의 능력이라고 한다면, 역대 스팩 합병 실적을 통해 증권사별로 명확한 실력 차이가 있다는 것을 확인했습니다.

과거 기록을 살펴보면 증권사별로 스팩 합병을 추진하는 속도와 순서도 다름을 확인할 수 있습니다. 어떤 증권사는 스팩 발행 순서대로 합병을 시도하는가 하면, 다른 증권사는 발행 순서와 상관없이 합병을 시도합니다. 이는 조직을 운영하는 방식에 따라 다른 것으로 추정됩니다. 스팩을 한 팀에서 관리한다면 발행 순서대로 합병을 추진할 가능성이 높고, 복수의 팀에서 관리한다면 발행 순서는 무시될 수도 있습니다. 조직 내에서도 경쟁이라는 것이 발생하기 때문입니다.

증권사별 패턴을 알면 스팩 매수에 도움이 됩니다. 예를 들어, 시간 순서대로 합병을 추진하는 증권사라면 아직 합병회사를 찾지 못한, 순서가 먼 스팩을 급하게 매수할 필요가 없겠죠? 반면 시간 순서와 상관없는 증권사의 스팩 주가가 저렴하다면, 시간 순서에 상관없이 매수하는 것이 유리합니다. 합병 성공 확률이 평균 이상인 증권사의 과거 합병 패턴을 살펴보겠습니다.

1) 신영증권

스팩명	합병회사	상장일	합병심사 신청일	소요 기간 (일)	주식매수 청구권 종료일	소요 기간 (일)
신영스팩1호	알톤스포츠	2010-07-02	2011-04-13	285	2011-07-27	390
신영스팩2호	패션플랫폼	2015-10-05	2017-08-25	690	2018-01-09	827
신영스팩3호	유에스티	2017-04-06	2017-10-27	204	2018-02-28	328
신영스팩4호	아이엘사이언스	2018-12-21	2019-07-26	217	2019-12-03	347
신영스팩5호	태성	2019-06-24	2022-01-14	935	2022-06-02	1074

신영스팩6호	화인써키트	2020-02-12	2022-06-30	869	2023-02-01	1085
신영스팩7호	삐아	2022-04-28	2023-09-15	505	2024-03-25	697
평균				529		678

신영증권에서 발행한 스팩의 합병 심사 신청 및 주식매수청구권 종료일까지 소요 기간

합병 성공 확률 100%를 자랑하는 신영증권은 철저하게 발행 순서대로 합병을 추진했습니다. 상장 이후 합병 신청까지는 평균 529일, 약 1.5년, 투자금을 회수할 수 있는 주식매수청구권 종료일까지는 평균 678일, 1.9년이 걸렸습니다.

신영스팩10호가 상장하는 날, 1년 차 예치 이율 확인을 위해 신영증권 담당자에게 전화를 걸었습니다. 보통은 금리만 확인하고 전화를 끊지만, 그날따라 질문을 했습니다.

Q1. 합병회사 물색 과정에 대표 발기인이랑 증권사 중에 누가 더 주도적인 역할을 합니까?

A1. 발기인은 추천하는 정도고, 증권사가 주도적으로 물색합니다.

Q2. 신영증권의 합병 발표 이전 스팩이 현재 3개가 있습니다. 각 스팩의 담당 부서가 다른가요?

A2. 1부와 2부가 있지만, 스팩은 거의 같이한다고 보면 됩니다.

신영증권 스팩은 시간 순서대로 매수하는 것이 좋겠죠?

2) 교보증권

스팩명	합병회사	상장일	합병심사 신청일	소요 기간 (일)	주식매수 청구권 종료일	소요 기간 (일)
교보위드스팩	엑셈	2014-11-07	2014-12-08	31	2015-06-01	206
교보3호스팩	바이오로 그디바이스	2014-12-24	2015-06-19	177	2015-11-10	321
교보4호스팩	닉스테크 (세토피아)	2015-08-13	2015-10-06	54	2016-03-16	216
교보5호스팩	상장폐지	2015-08-27				
교보7호스팩	나인테크	2017-06-22	2019-07-04	742	2020-03-23	1005
교보8호스팩	원바이오젠	2018-12-05	2020-08-07	611	2021-01-11	768
교보9호스팩	밸로프	2019-10-29	2020-04-20	896	2022-09-27	1064
교보10호스팩	코스텍시스	2020-09-18	2022-08-31	712	2023-03-08	901
교보11호스팩	제이투케이 바이오	2021-12-20	2023-09-21	640	2024-02-21	793
평균				482		659

교보증권에서 발행한 스팩의 합병 심사 신청 및 주식매수청구권 종료일까지 소요 기간

합병 성공 확률 89%의 교보증권은 교보스팩9호가 교보스팩8호

보다 먼저 합병에 성공했지만, 비교적 시간 순서를 잘 지키는 편입니다.

상장 이후 합병 신청까지는 평균 482일, 약 1.3년, 투자금을 회수할 수 있는 주식매수청구권 종료일까지는 평균 659일, 1.8년이 걸렸습니다. 상장 이후 2달 이내에 합병 심사를 신청한 것도 2건이나 있었습니다. 교보증권 스팩은 가격만 저렴하다면 초기에 매수하는 것도 좋을 것 같습니다.

3) IBK투자증권

스팩명	합병회사	상장일	합병심사 신청일	소요 기간 (일)	주식매수 청구권 종료일	소요 기간 (일)
IBKS스팩1호	상장폐지	2010-12-22				
IBKS제2호 스팩	지엘팜텍	2014-11-20	2016-04-01	498	2016-09-01	651
IBKS제3호 스팩	케이엠제약	2015-10-08	2018-02-28	874	2018-08-28	1055
IBKS제4호 스팩	솔트웍스	2016-03-02	2016-06-02	92	2016-10-31	243
IBKS지엠비 스팩	세화피앤씨	2016-11-02	2017-04-21	170	2017-08-22	293
IBKS제5호 스팩	자비스	2016-12-02	2019-05-07	886	2019-10-17	1049
IBKS제6호 스팩	이랜시스	2017-06-01	2019-07-04	763	2019-11-21	903

IBKS제7호 스팩	상장폐지	2017-11-10				
IBKS제8호 스팩	인산가	2017-09-29	2018-03-29	181	2018-08-14	319
IBKS제9호 스팩	알로이스	2018-07-20	2019-04-15	269	2019-08-29	405
IBKS제10호 스팩	더블유 에스아이	2018-09-21	2020-06-09	627	2020-11-02	773
IBKS제11호 스팩	비올	2019-12-03	2020-05-11	160	2020-10-26	328
IBKS제12호 스팩	윙스풋	2019-12-09	2022-04-22	865	2022-09-26	1022
IBKS제13호 스팩	상장폐지	2020-07-15				
IBKS제14호 스팩	에스에이티 이엔지	2020-06-22	2021-04-30	312	2021-10-21	486
IBKS제15호 스팩	하인크 코리아	2021-02-26	2021-07-16	140	2021-11-19	266
IBKS제16호 스팩	라이콤	2021-09-03	2022-06-23	293	2023-01-11	495
IBKS제18호 스팩	벨로크	2022-07-22	2022-11-11	112	2023-03-27	248
IBKS제17호 스팩	신시웨이	2022-02-18	2023-05-12	448	2023-09-27	586
IBKS제19호 스팩	에스피 소프트	2022-08-26	2023-05-12	259	2024-01-11	503
평균				409		566

IBK투자증권에서 발행한 스팩의 합병 심사 신청 및 주식매수청구권 종료일까지 소요 기간

합병 성공 확률 85%의 IBK투자증권은 스팩을 많이 발행하기도 했고, 합병 추진 실적도 좋습니다. 발행 순서에 상관없이 합병을 진행해 왔습니다. 상장 이후 합병 신청까지는 평균 409일, 약 1.1년, 투자금을 회수할 수 있는 주식매수청구권 종료일까지는 평균 566일, 1.6년이 걸렸습니다.

특이점이 있다면 합병에 성공한 17개 스팩 중 6개 스팩은 한 번 이상 합병을 시도했다가 합병 철회 후 재도전해 성공한 케이스라는 것입니다. 가격만 저렴하다면 상장 초기에도, 합병을 한번 철회해도 매수!

4) 대신증권

스팩명	합병회사	상장일	합병심사 신청일	소요 기간 (일)	주식매수 청구권 종료일	소요 기간 (일)
대신증권 그로쓰 스팩	상장폐지	2010-08-24				
대신밸런스 제1호스팩	넵튠	2015-06-18	2016-05-03	320	2016-11-14	515
대신밸런스 제2호스팩	와이아이케이	2015-12-24	2016-09-29	280	2017-03-16	448
대신밸런스 제3호스팩	네오셈	2018-04-04	2018-08-29	147	2019-01-07	278
대신밸런스 제4호스팩	상장폐지	2017-03-03				

대신밸런스 제5호스팩	지니틱스	2018-08-30	2018-11-19	81	2019-07-02	306
대신밸런스 제6호스팩	국전약품	2018-12-19	2020-06-23	552	2020-12-02	714
대신밸런스 제7호스팩	누보	2019-10-11	2021-07-20	648	2022-02-03	846
대신밸런스 제8호스팩	원텍	2019-12-19	2021-10-14	665	2022-06-02	896
대신밸런스 제9호스팩	블리츠웨이	2020-12-23	2021-06-23	182	2021-11-25	337
대신밸런스 제10호스팩	엑스게이트	2021-09-17	2022-08-31	348	2023-02-09	510
대신밸런스 제11호스팩	라온텍	2021-12-02	2022-05-04	153	2023-02-06	431
대신밸런스 제12호스팩	셀바이오 휴먼텍	2022-07-14	2022-10-17	95	2023-03-23	252
평균				316		503

대신증권에서 발행한 스팩의 합병 심사 신청 및 주식매수청구권 종료일까지 소요 기간

대신증권의 합병 성공 확률은 85%입니다. IBK투자증권과 마찬가지로 대표적인 스팩 명가입니다.

상장 이후 합병 신청까지는 평균 316일, 약 0.9년, 투자금을 회수할 수 있는 주식매수청구권 종료일까지는 평균 503일, 1.4년이 걸렸습니다.

투자 자금을 가장 빨리 회수할 수 있는 증권사라 상장 초기가 아니면 저렴한 가격에 스팩을 매수할 기회가 많지 않습니다. 대신증권 역시 발행 순서와 상관없이 가격만 저렴하다면 일단 매수를 추천합니다.

5) 하나증권

스팩명	합병회사	상장일	합병심사 신청일	소요 기간 (일)	주식매수 청구권 종료일	소요 기간 (일)
하나그린기업 인수목적회사	선데이토즈	2010-11-10	2011-09-05	299	2013-10-04	1059
하나머스트 스팩	우성아이비	2014-06-10	2014-10-06	118	2015-02-26	261
하나머스트 2호스팩	자원메디칼	2014-12-17	2016-03-31	470	2016-08-17	609
하나머스트 3호스팩	상장폐지	2014-12-24				
하나머스트 4호스팩	로보로보	2015-04-22	2017-06-12	782	2017-11-16	939
하나머스트 5호스팩	미래자원엠엘	2015-06-18	2017-06-14	727	2017-11-23	889
하나금융7호 SPAC	에치에프알	2015-12-16	2018-05-29	895	2018-10-18	1037
하나금융8호 스팩	모비스	2016-09-08	2016-10-10	32	2017-02-21	166
하나금융9호 스팩	덴티스	2017-06-26	2019-10-11	837	2020-06-01	1071

하나금융 10호스팩	지엔원에너지	2017-08-22	2019-09-06	745	2020-02-04	896
하나금융 11호스팩	카이노스메드	2018-06-08	2019-11-29	539	2020-05-06	698
하나머스트제 6호스팩	상장폐지	2018-11-30				
하나금융 13호스팩	윈텍	2019-09-18	2020-01-22	126	2020-07-06	292
하나금융 14호스팩	상장폐지	2019-11-01				
하나금융 15호스팩	신스틸	2020-01-30	2022-05-20	841	2022-11-21	1026
하나금융 16호스팩	상장폐지	2020-07-23				
하나금융 17호스팩	모비데이즈	2021-02-10	2021-09-17	219	2022-05-03	447
하나금융 19호스팩	팸텍	2021-10-07	2022-09-21	349	2023-04-19	559
하나금융 20호스팩	우듬지팜	2021-12-27	2023-02-09	409	2023-08-09	590
하나머스트 7호스팩	사피엔반도체	2021-03-05	2023-06-30	847	2024-01-11	1042
하나금융 23호스팩	레이저옵텍	2022-09-15	2023-05-19	246	2024-01-02	474
평균				499		709

하나증권에서 발행한 스팩의 합병 심사 신청 및 주식매수청구권 종료일까지 소요 기간

하나증권의 합병 성공 확률은 81%입니다. 가장 많은 스팩을 발행하고, 합병 실적도 좋습니다.

상장 이후 합병 신청까지는 평균 499일, 약 1.4년, 투자금을 회수할 수 있는 주식매수청구권 종료일까지는 평균 709일, 1.9년이 걸렸습니다.

하나증권은 워낙 많은 스팩을 발행하기에 복수의 팀에서 운영할 것으로 추정됩니다. 즉, 발행 순서대로 합병에 성공하는 것은 아닙니다.

6) 엔에이치투자증권

스팩명	합병회사	상장일	합병심사 신청일	소요 기간 (일)	주식매수 청구권 종료일	소요 기간 (일)
우리스팩1호	상장폐지	2010-05-11				
우리스팩2호	큐브엔터	2013-11-21	2014-10-27	340	2015-03-18	482
우리스팩3호	고려시멘트	2014-08-13	2016-09-08	757	2017-04-17	978
우리SL스팩 (엔에이치SL스팩)	상장폐지	2014-12-17				
엔에이치스팩 2호	바디텍메드	2014-12-29	2015-03-31	92	2015-08-17	231
엔에이치스팩 5호	이노인스트루먼트	2015-05-08	2016-11-18	560	2017-04-10	703
엔에이치스팩 7호	상장폐지	2015-06-12				
엔에이치스팩 8호	알에프에이치아이씨	2015-06-30	2017-03-27	636	2017-08-03	765

엔에이치스팩 9호	넷게임즈	2015-09-25	2016-10-07	378	2017-05-15	598
엔에이치스팩 11호	한국비엔씨	2016-12-28	2019-06-03	887	2019-10-31	1037
엔에이치스팩 10호	포인트 엔지니어링	2017-05-02	2019-02-27	666	2019-06-18	777
엔에이치스팩 12호	와이즈버즈	2017-08-07	2020-01-30	906	2020-07-07	1065
엔에이치스팩 13호	상장폐지	2018-12-24				
엔에이치스팩 14호	현대무벡스	2019-05-08	2020-08-11	461	2021-02-10	644
엔에이치스팩 15호	아이비김영	2019-12-24	2020-04-21	119	2020-09-08	259
엔에이치스팩 16호	휴럼	2020-06-17	2021-01-27	224	2021-06-30	378
엔에이치스팩 17호	씨엔알리서치	2020-09-23	2021-06-23	273	2021-11-25	428
엔에이치스팩 18호	하이딥	2020-12-21	2021-10-18	301	2022-04-12	477
엔에이치스팩 21호	코닉오토메이션	2021-10-15	2021-12-15	61	2022-06-27	255
엔에이치스팩 22호	슈어소프트테크	2021-12-24	2022-09-05	255	2023-03-26	457
엔에이치스팩 19호	상장폐지	2021-05-21				
엔에이치스팩 20호	상장폐지	2021-10-05				
엔에이치스팩 28호	씨싸이트	2023-03-09	2023-06-21	104	2023-11-23	259
평균				413		576

엔에이치투자증권에서 발행한 스팩의 합병 심사 신청 및 주식매수청구권 종료일까지 소요 기간

엔에이치투자증권의 스팩 합병 성공 확률은 74%입니다. 하나증권과 함께 가장 많은 스팩을 발행하는 증권사이고, 하나증권보다는 못하지만, 평균보다는 높은 합병 실적을 보여주고 있습니다.

상장 이후 합병 신청까지는 평균 413일, 약 1.1년, 투자금을 회수할 수 있는 주식매수청구권 종료일까지는 평균 576일, 1.6년이 걸렸습니다. 속도는 비교적 빠른 편입니다. 엔에이치투자증권 스팩 역시 발행 순서와 무관하게 합병을 추진하는 경향이 있습니다.

7) DB금융투자

스팩명	합병회사	상장일	합병심사 신청일	소요 기간 (일)	주식매수 청구권 종료일	소요 기간 (일)
동부티에스 블랙펄스팩	상장폐지	2010-12-08				
동부제2호 스팩	미스터블루	2014-12-12	2015-05-13	152	2015-10-21	313
동부스팩3호	한송네오텍	2015-10-06	2017-12-08	794	2018-06-15	983
동부제4호 스팩	상장폐지	2015-12-18				
동부스팩5호	레이크 머티리얼즈	2017-12-12	2019-10-11	668	2020-02-19	799
DB금융스팩 6호	네온테크	2018-10-31	2019-09-06	310	2020-01-13	439
DB금융스팩 7호	코퍼스코리아	2019-05-31	2020-05-29	364	2020-11-29	548
DB금융스팩 8호	상장폐지	2020-12-09				

DB금융스팩 9호	제이엔비	2021-03-16	2023-03-30	744	2023-10-26	954
DB금융스팩 10호	한빛레이저	2022-01-20	2023-04-03	438	2023-11-29	678
평균				495		673

DB금융투자에서 발행한 스팩의 합병 심사 신청 및 주식매수청구권 종료일까지 소요 기간

DB금융투자의 합병 성공 확률은 70%입니다. 상장 이후 합병 신청까지는 평균 495일, 약 1.4년, 투자금을 회수할 수 있는 주식매수청구권 종료일까지는 평균 673일, 1.8년이 걸렸습니다. DB금융투자의 경우 비교적 발행 순서대로 합병을 추진해 오고 있습니다.

8) 신한투자증권

스팩명	합병회사	상장일	합병심사 신청일	소요 기간 (일)	주식매수 청구권 종료일	소요 기간 (일)
신한제1호 스팩	서진오토모티브	2010-05-25	2011-09-29	492	2012-03-19	664
신한제2호 SPAC	드림시큐리티	2014-10-13	2016-08-30	687	2016-12-26	805
신한제3호 스팩	상장폐지	2017-02-23				
신한제4호 스팩	상장폐지	2017-10-20				

신한제5호 스팩	엠에프엠코리아	2019-06-19	2020-06-05	352	2020-11-30	530
신한제6호 스팩	모코엠시스	2019-10-31	2022-04-08	890	2022-09-16	1051
신한제7호 스팩	코어라인소프트	2021-02-04	2023-03-17	771	2023-08-21	928
신한제8호 스팩	상장폐지	2021-09-27				
신한제9호 스팩	다원넥스뷰	2022-04-27	2023-11-13	565	2024-05-13	747
평균				626		787

신한투자증권에서 발행한 스팩의 합병 심사 신청 및 주식매수청구권 종료일까지 소요 기간

신한투자증권의 스팩 합병 성공 확률은 67%입니다. 국내 스팩 제도가 처음 도입된 2010년부터 스팩을 발행, 합병까지 성사시킨 역사가 있는 증권사지만, 많은 스팩을 발행하지는 않았습니다.

상장 이후 합병 신청까지는 평균 626일, 약 1.7년, 투자금을 회수할 수 있는 주식매수청구권 종료일까지는 평균 787일, 2.2년이 걸렸습니다. 신한투자증권의 경우 비교적 발행 순서대로 합병을 추진해 오고 있습니다.

9) 유진투자증권

스팩명	합병회사	상장일	합병심사 신청일	소요 기간 (일)	주식매수 청구권 종료일	소요 기간 (일)
유진스팩1호	나노	2014-05-08	2014-11-10	186	2015-04-02	329
유진ACPC 스팩2호	유니맥스정보시스템	2015-04-28	2017-09-11	867	2018-02-20	1029
유진스팩3호	상장폐지	2015-09-09				
유진스팩4호	프로이천	2019-05-31	2021-04-29	699	2021-09-23	846
유진스팩5호	포커스에이치엔에스	2019-10-02	2021-04-29	575	2021-09-23	722
유진스팩6호	상장폐지	2021-04-08				
유진스팩8호	씨피시스템	2022-03-31	2023-10-20	568	2024-05-28	789
평균				579		743

유진투자증권에서 발행한 스팩의 합병 심사 신청 및 주식매수청구권 종료일까지 소요 기간

유진투자증권의 스팩 합병 성공 확률은 71%입니다. 상장 이후 합병 신청까지는 평균 579일, 약 1.6년, 투자금을 회수할 수 있는 주식매수청구권 종료일까지는 평균 743일, 2년이 걸렸습니다.

유진투자증권은 경우 발행 순서대로 합병을 추진해 오고 있습니다.

10) 유안타증권

스팩명	합병회사	상장일	합병심사 신청일	소요 기간 (일)	주식매수 청구권 종료일	소요 기간 (일)
동양밸류스팩	상장폐지	2010-03-25				
유안타제1호 스팩	글로벌텍스 프리	2014-11-19	2015-09-04	289	2017-08-20	1005
유안타제2호 스팩	상장폐지	2015-07-17				
유안타제3호 스팩	제이시스메 디칼	2018-05-08	2020-09-21	867	2021-03-02	1029
유안타제4호 스팩	상장폐지	2019-03-21				
유안타제5호 스팩	웨이버스	2019-11-28	2021-10-01	673	2022-03-16	839
유안타제6호 스팩	다보링크	2019-12-19	2020-09-18	274	2021-07-07	566
유안타제7호 스팩	핑거스토리	2020-12-28	2022-04-28	486	2022-11-07	679
유안타제8호 스팩	율촌	2021-04-05	2022-11-07	581	2023-08-08	855
평균				528		829

유안타증권에서 발행한 스팩의 합병 심사 신청 및 주식매수청구권 종료일까지 소요 기간

유안타증권의 스팩 합병 성공 확률은 67%입니다. 상장 이후 합병 신청까지는 평균 528일, 약 1.4년, 투자금을 회수할 수 있는 주식매수 청구권 종료일까지는 평균 829일, 2.3년이 걸렸습니다.

유안타증권은 유진증권과는 달리 과거 대비 최근 분위기가 좋지 않은 증권사입니다. 유안타제8호스팩까지는 실적이 좋았지만, 2022년 이후 9호에서 14호까지 다량의 스팩을 단기간에 발행한 후 12호 스팩 이외에는 이렇다 할 합병 시도 소식이 없습니다. 아직 상장폐지까지는 기한이 남아있어 지켜봐야겠지만, 최근 전체 스팩 수량이 늘어난 것을 고려하면 쉽지 않을 것으로 예상됩니다.

유안타증권의 경우 발행 순서대로 합병을 진행하는 편이었으나, 최근 단기간에 증가한 스팩 수량으로 향후 패턴 변화를 지켜볼 필요가 있습니다.

잘하는 발기인은 따로 있다

스팩 선별 과정에서 발행 금액, 증권사 다음으로 중요한 변수는 발기인입니다. 증권사와 마찬가지로 평균 실적을 상회하는 발기인이 있습니다. 스팩 합병을 추진하는 과정에서 증권사와 발기인간 역할 비중을 정확하게 알 수는 없지만, 합병 실적이 우수한 모 증권사 스팩 담당자의 얘기는 이랬습니다.

Q. 합병회사 물색 과정에 대표 발기인이랑 증권사 중에 누가 더 주도적인 역할을 합니까?

A. 당연히 주관사인 증권사가 주도하지만, 발기인이 도움을 주는 경우도 왕왕 있습니다.

발기인	총 발행 스팩 (개)	합병/상폐 완료 스팩 (개)	합병성공 스팩(개)	합병성공 비율	스팩 기간 평균 수익률
에이씨피씨	38	26	21	81%	41%
위드인베스트먼트	19	17	12	71%	132%
에스브이인베스트먼트	10	9	7	78%	36%
티에스인베스트먼트	10	5	3	60%	7%
에스비아이인베스트먼트	9	6	4	67%	82%
엠앤앰인베스트먼트	7	4	4	100%	69%
컴퍼니케이파트너스	6	5	3	60%	26%
헤리티지파트너즈	4	3	3	100%	14%
옐로씨매니지먼트	4	2	2	100%	58%
이안허브	4	3	1	33%	56%
과학기술인공제회	4	4	1	25%	20%
지앤텍벤처투자	4	3	2	67%	114%
LS자산운용㈜	3	3	3	100%	96%
유진자산운용	3	3	3	100%	16%
우신벤처투자	3	2	1	50%	29%

스팩 발행량 기준 상위 15개 발기인의 스팩 합병 실적

(국내 스팩 제도 탄생 이후 2024년 6월까지 전체 스팩)

대한민국에서 가장 활발한 활동을 하는 발기인은 에이씨피씨입니다. 국내에 스팩이 처음 상장한 2010년부터 키움스팩1호 대표 발기인으로 참여해 합병을 성사시켰고, 현재까지도 꾸준히 스팩 투자를 이어오고 있습니다. 가장 많은 스팩에 대표 발기인으로 참여했고, 합병 성공률도 평균 67%을 상회합니다. 다만 스팩 기간 동안의 수익률이 아주 높은 편은 아닙니다. 그럼에도 불구하고 합병 성공 확률이 높은 것이 중요합니다. 정상적인 스팩의 주가 상승은 일단은 합병을 해야 생기는 것이니까요.

스팩 포트폴리오 편성 과정에서 인기 있는 증권사에서 발행한 스팩 가격이 높아 매수할 종목이 보이지 않는다면, 대표 발기인을 고려하는 것도 방법입니다. 스팩 합병 경험이 적은 증권사일수록 발기인 역량에 의존할 가능성이 높지 않을까요?

스팩의 계절성 - 투자 타이밍

일반 월급쟁이에게 11월은 사실상 시즌 종료의 계절입니다. 해당 연도 업무 성과 평가도 끝났고, 내년도 사업 계획도 마무리하는 단계이기 때문입니다. 올해 평가가 이미 끝난 마당에, 오너가 아닌 이상 지금 무언가를 해서 성과를 만들기에는 애매한 달입니다.

스팩도 이런 계절적 특성이 있을 것 같다는 생각이 들었습니다. '결산 실적을 기반으로 투자자에게 어필하고, 상장에 도전하려는 계획을 세우지 않을까?', 이런 궁금증을 해결하기 위해서 '합병 신청 청구일'을 기준으로 계절성이 있는지 2011년부터 2024년 2분기(6월 8일)까지 전수 조사를 해봤습니다.

구분	2011년	2012년	2013년	2014년	2015년	2016년	2017년	2018년	2019년	2020년	2021년	2022년	2023년	2024년	합계(개)
1분기	1				5	3	1	2	2	2	2	1	3	4	26
2분기	3		2	1	2	5	12	4	6	10	8	11	16	6	86
3분기	3	1	1	1	3	5	5	4	7	7	5	5	5		52
4분기				5	4	6	3	1	4		6	4	4		37
합계(개)	7	1	3	7	14	19	21	11	19	19	21	21	28	10	201

2012~2024년 2분기(6월8일)까지 분기별 스팩 합병 신청 수량

합병 심사를 신청한 총 201개 스팩 중 42%인 86개가 2분기에 합병 신청을 했습니다. 이 정도면 계절성이 있다고 할 수 있겠네요. 합병 이후 매도를 목표로 하는 스팩 투자자라면 2분기가 오기 전에 매수하는 것이 좋겠죠?

스팩 합병 심사에 걸리는 시간

스팩이 합병회사를 찾으면 거래소에 상장 심사를 요청합니다. 합병 심사는 사람이 하는 일이다 보니 종목마다 소요 기간이 천차만별입니다. 최근 IPO를 추진하는 회사 증가로 해가 지날수록 평균 심사 소요 기간이 길어지고 있습니다. 2023년 합병 심사를 신청한 스팩의 경우 평균 121일이 걸렸고, 최단기간은 55일, 최장기간은 203일이었습니다.

구 분	합병 심사 소요 기간(일)		
	평균	최단	최장
2011년	48	40	56
2013년	57	48	63
2014년	54	52	58
2015년	69	51	115
2016년	67	34	135
2017년	71	42	153
2018년	75	52	125
2019년	85	43	157
2020년	85	65	167
2021년	92	59	188
2022년	107	66	168
2023년	121	55	203
2024년	123	94	146
전체	86	34	203

연도별 스팩 심사 소요 기간(2012년은 스팩 합병 승인 없음)

Part 08

시드머니 만들기부터 계좌 운영까지, 실전 스팩 투자 Tip

◇

key point

스팩을 공모가에 매수해서 상장폐지가 된다면 예금 상품이나 마찬가지입니다. 반면, 3년 이내 합병에 성공하면, 100% 이상의 수익률을 제공하는 옵션을 받을 수도 있습니다

스팩 투자를 위한 시드머니 만들기

이 장에선 투자의 시작인 시드머니를 만드는 팁부터 스팩 계좌를 운영하는 실전 운영 전략을 소개하겠습니다.

공부도 때가 있는 것처럼, 저축에도 황금 시기가 있습니다. 결혼 후 아이가 유치원에 입학하기 전까지가 저축하기 가장 이상적인 기간입니다. 이 기간에 열심히 모은 자금을 지혜롭게 운용하면, 남은 인생이 더 수월해질 수 있습니다.

아이가 유치원에 입학하는 순간, 다양한 이유로 저축이 어려워집니다. 요즘은 함께 놀 친구가 놀이터에 있지 않습니다. 아이가 친구를 만나기 위해서는 무엇인가를 배워야 합니다. 평소 사교육에 부정적인 부모라도 놀이터에서 함께 놀던 친구들이 어는 순간 썰물처럼 사라지고 혼자만 남은 아이를 보면 마음이 흔들릴 수밖에 없습니다.

이 시기에는 신혼 때와 달리 저축을 위해 소득을 늘리거나, 지출을 줄이는 노력이 필요합니다. 소득을 늘리기 위해서는 이직, 승진, 부업 같은 다양한 방법이 있습니다. 월급쟁이라면 이직과 승진에 집중하는 것이 현명할 것입니다. 요즘에는 부업하는 직장인도 늘어나고 있습니다. 블로그, 유튜브, 쿠팡, 스마트스토어 등 다양한 부업이 활발합니다. 그러나 실제로 해보면 생각보다 쉽지 않습니다. 배달 등 진입 장벽이 낮은 부업도 있지만 결국 내 시간과 체력을 투자해야 하는 어려움이 있습니다.

다음 전략은 지출을 줄이고 돈을 아끼는 것입니다. 나이가 들면 소비 습관을 바꾸기가 참 어렵습니다. 한번 들인 소비 패턴을 갑자기 바꾸는 것은 마치 한번 늘어난 위를 돌려놓는 것도 같은 난도입니다.

저 또한 2020년 상승장에서 매일 적게는 50만 원, 때로는 500만 원씩 투자 자산이 늘어난 적이 있었습니다. 당시 시장이 강세였기 때문이었습니다. 그때는 수익의 10%만 쓰기로 마음먹고, 퇴근 후 백화점에 들러 아이들 선물을 사기도 했고, 거의 매일 밤 와인과 맛있는 음식으로 수익의 기쁨을 나눴습니다.

하락장이 찾아오면서 수익이 사라졌지만, 소비 습관은 변하지 않았습니다. 기본 식비를 제외한 배달 음식값만 한 달에 90만~100만 원이 된다는 사실을 깨달았습니다. 하루에 약 3.2만 원을 야식에 쓴 셈이었죠.

이미 익숙해진 소비 습관을 의지만으로 바꾸기는 어렵지만, 그런 소비 습관을 줄이면 해당 금액을 투자 자금으로 활용할 수 있습니다. 큰돈을 한 번에 적립하기는 어려워도, 하루치 야식값이나 커피값 정도는 줄일 수 있을 것입니다. 다만, 이를 계속하기 위해서는 아이들 칭찬 스티커같이, 즉각적이고 가시적인 보상이 필요합니다. 저는 스팩을 활용합니다.

현금을 모으는 것도 좋지만, 현금은 휘발성이 강해 어느 정도 모이면 여행을 가거나 차, 명품을 사고 싶은 유혹이 커집니다. 어떤 사람은 주식이나 코인을 적립하기도 합니다. 강세장에서는 괜찮은 전략이지만, 시장은 항상 상승하지 않습니다. 꾸준하게 적립해도 결과를 보기까지 기다려야 하며, 이는 상당한 불확실성을 안겨줍니다. 수익이 소실되면, 힘들게 모은 돈이 반 토막 나기도 합니다.

공모가나 예상 청산 가격 아래에서 매수한 스팩은 최대 3년만 기다리면 원금을 잃는 일이 없습니다. 하락장이 와 스팩 가격이 공모가 아래로 떨어져도, 합병 실패로 상장폐지돼도, 시중 예금보다 나은 수익을 기대할 수 있습니다. 손절하지 않기 위해서는 해당 종목이 상장폐지돼 청산될 때까지 돈을 묶어 둬야 해 현금과 달리 휘발성이 낮습니다.

매일 야식을 줄이면 하루에 3만 원, 한 달에 90만 원을 적립할 수 있고, 1년이면 1,080만 원의 스팩이 쌓입니다. 주식과 달리 큰 하락이 없어 기다리기만 하면 원금을 까먹는 일은 없습니다. 적립 중인 스팩이 합병에 성공하면 50~100% 이상의 수익을 기대할 수 있어 적립하는 재미도 있습니다. 더불어, 야식을 줄이면 건강도 좋아집니다.

돈을 벌고 싶다면 불필요한 지출을 줄이고 스팩 적립으로 자금을 마련해 보는 것은 어떨까요? 대한민국에서 가장 안전하다는 삼성전자조차 시점에 따라 반 토막 날 수 있고, 미국 S&P 500도 언제든 큰 폭의 하락을 맞을 수 있습니다.

지겨운 스팩 투자를 극복하는 방법 - 트레이딩이 아닌 수집으로

'프레임'이라는 심리학책을 재밌게 읽었습니다. 특히, '돈에 이름을 부치지 말라.'라는 메시지가 기억에 남습니다. 막노동으로 번 10만 원과 복권 당첨금으로 얻은 10만 원은 가치적으로 동일하지만, 대부분은 후자의 돈을 더 쉽게 소비한다는 것이었습니다. 이는 후자를 '꽁돈'으로 여기고, 이를 훨씬 쉽게 다룬다는 심리적 특성에 기인합니다.

이 책을 읽고 스팩 투자에 적용할 프레임에 대해 생각해 봤습니다. 스팩이라는 투자 수단에 대한 프레임을 주식에서 저금 또는 수집으로 변경하면 스팩 투자가 덜 지겹지 않을까요?

스팩을 주식으로 여기면 상한가를 간 종목이나 최근 급등한 주식과 비교하면서 자신만 뒤처지거나 소외돼 있다는 두려움, 이른바 FOMO(Fear Of Missing Out)를 느끼기 쉽습니다. 그러나 스팩을 저금이나 수집으로 생각하면 상황이 달라집니다.

공모자금을 예금 금리 수준으로 예치하는 스팩은 상장폐지를 당하면 투자자에게 공모가에 이자를 더해 반환합니다. 그러니 스팩을 공모가에 매수해서 상장폐지가 된다면 예금 상품이나 마찬가지입니다. 반면, 3년 이내 합병에 성공하면, 100% 이상의 수익률을 제공하는 옵션을 받을 수도 있습니다. 예를 들어, 2023년 12월 4일 제이투케이바이오와 합병 승인이 난 교보11호스팩을 공모가에 매수해 주식매수청구권 종료일인 2024년 2월 21일까지 보유하고 있었다면, 103%의 수익을 볼 수 있었습니다. 이는 일반 예금 상품에서는 결코 기대할 수 없는 보너스 수익입니다.

합병이라는 옵션으로 일반 예금보다는 훨씬 재밌고, 원칙대로만 매수한다면 원금 손실의 위험도 없으니, 하락장에서 스트레스도 없습니다. 하락장이 오면 스팩을 염가에 살 수 있으니 오히려 즐겁겠죠?

일반 주식을 포기할 수 없는 사람을 위한 적립 계좌 활용법

주식 투자는 많은 변수와 높은 난도를 가지고 있어서 일반적인 주부나 직장인에게 권장하지 않습니다. 하지만 혹시 주식 투자에 재능이 있는지, 시도해 보지 않고서 어떻게 알 수 있겠습니까? 이런 사람이라면 일반 주식 투자를 무조건 말릴 수는 없습니다. 아마 듣지도 않을 것입니다. 그래서 일반 주식도 포기하고 싶지 않은 분에게 스팩 계좌를 활용하는 방법을 제안합니다.

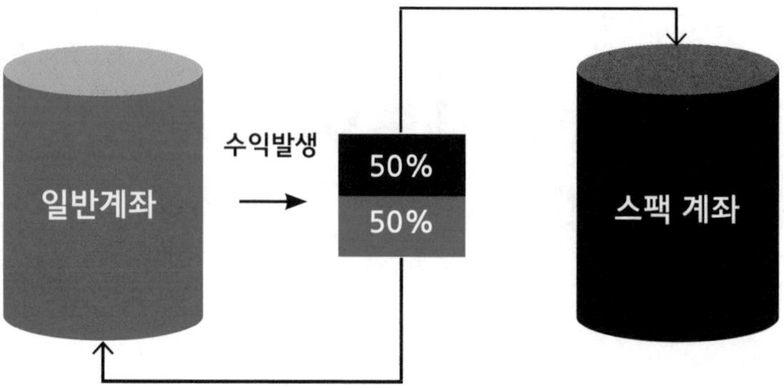

일반 주식과 스팩 투자를 병행하는 경우 적립 계좌로 스팩을 활용하는 예시

전업 투자자 친구의 소개로 유명 주식 강사의 유료 기법 강의를 수강한 적이 있습니다. 강사 기법 중 일부는 직접 적용하고 기록한 결과 통계적으로도 85~90%의 유의미한 승률을 확인했지만, 직장인이 따라 하기에는 대응에 한계가 있었습니다. 지금은 기법보다는 강사의 자금 관리 방법이 더 기억에 남습니다.

해당 강사는 현금화하지 않는 수익은 허상에 불과하다고 했고, 매월 결산을 통해 수익금의 일부라도 현금화해서 다른 계좌로 옮기라고 했습니다. 복리 수익을 노리고 계속 주식 투자금을 늘리다가 단 한 번의 실수로 깡통을 차는 것이 주식판에서는 워낙 흔한 일이기 때문이겠죠.

수익 일부를 현금화하라고 하면 이를 응용해서 적용하는 분이 있습니다. 트레이딩 계좌와 수익 적립 계좌를 구분해서 트레이딩은 수급 위주로 매매하고, 수익 계좌에는 삼성전자 등 우량 주식을 적립합니다. 하지만 삼성전자 역시 하락장에서는 반 토막이 날 수 있기에 이 역시 힘들기는 마찬가지입니다.

그럴 때 스팩 계좌를 사용해 보는 것은 어떨까요? 공모가 또는 예상 청산 가격 아래에서 매수한다면 원금 손실 위험도 없고, 예금 수준의 이자를 볼 수 있습니다. 적립하고 있는 종목이 합병에 성공하면 50~100% 이상의 수익도 발생할 수 있으니, 현금을 적립하는 것보다는 훨씬 좋은 선택입니다.

스팩 운용 전략 1
- 특정 증권사 집중 매수 전략

원칙대로 투자하면 원금 손실 위험도 없고, 합병에 성공하면 100% 이상도 오를 수 있는 스팩이지만, 실전 투자는 생각보다 쉽지 않습니다. 언제 합병될지도 모르고, 현재 거래되고 있는 스팩도 너무 많기 때문입니다.

2024년 6월 8일 기준, 합병 발표 이전 스팩이 77개나 있습니다. 총 투자 금액 5,000만 원으로 극단적인 분산 투자를 한다고 가정하면, 종목당 약 65만 원을 매수할 수 있습니다.(50,000,000원 ÷ 77개 = 649,351원)

77개 종목 중에서 895% 수익률이 나와도 수익 금액은 581만 원입니다.(649,351원 x 895% = 5,811,691원)

전체 투자금 5,000만 원 대비 11.6% 수익입니다.(5,811,691원 ÷ 50,000,000원 = 11.6%)

이런 일이 발생하면 895% 수익이 나오는 종목을 만났다 해도, 기쁨보다는 화병이 날 것 같습니다. 77개 스팩 중에서 선택과 집중을 했다면 수익은 더 커졌을 것입니다. 그래서 스팩 투자 역시 운용 전략이 필요합니다.

첫 번째 방법은 증권사를 특정해서 해당 스팩을 모두 매수하는 것입니다. 제가 처음 스팩 투자를 시작한 IBKS제3호스팩 이후 IBK증권 스팩만으로 계속 투자했다면 어떤 결과를 나왔을지 시뮬레이션해봤습니다. 시뮬레이션 기준은 다음과 같습니다.

1) 2015년 5,000만 원으로 스팩 투자를 시작했다고 가정.

2) 추가 투자 금액은 없고, 초기 투자 금액을 회수한 이후 IBK투자증권 스팩을 공모가에 매수해서 스팩 기간 종료일 종가에 매도. 기존 투자가 종료되면 IBK투자증권의 다른 스팩을 매수하는 것을 반복.

3) 종가가 주식매수청구권보다 낮을 경우 주식매수청구권 사용.

4) 상장폐지 시 3년간 3% 수익으로 계산.

스팩명 (합병회사)	상장일	주식매수 청구권 종료일	공모가 매수 스팩 기간 종료일 매도			투자 금액	
			공모가 (원)	주식 매수 청구권 종료일 주가 (원)	수익률	시작 (원)	종료 (원)
IBKS스팩 1호 (상장폐지)	2010-12-22		1,000				
IBKS제2호 스팩 (지엘팜텍)	2014-11-20	2016-09-01	2,000	7,260	263%		
IBKS제3호 스팩 (케이엠 제약)	2015-10-08	2018-08-28	2,000	5,880	194%	50,000,00	147,000,000
IBKS제4호 스팩 (솔트웍스)	2016-03-02	2016-10-31	2,000	3,410	71%		
IBKS지엠비 스팩 (세화피앤씨)	2016-11-02	2017-08-22	2,000	2,070	4%		
IBKS제5호 스팩 (자비스)	2016-12-02	2019-10-17	2,000	2,015	1%		
IBKS제6호 스팩 (이랜시스)	2017-06-01	2019-11-21	2,000	2,025	1%		
IBKS제7호 스팩 (상장폐지)	2017-11-10		2,000				
IBKS제8호 스팩 (인산가)	2017-09-29	2018-08-14	2,000	2,435	22%		
IBKS제9호 스팩 (알로이스)	2018-07-20	2019-08-29	2,000	2,950	48%		
IBKS제10호스팩 (더블유에스아이)	2018-09-21	2020-11-02	2,000	2,845	42%	49,000,000	69,702,500
IBKS제11호 스팩 (비올)	2019-12-03	2020-10-26	2,000	2,330	17%	49,000,000	57,085,000

IBKS제12 호스팩 (윙스풋)	2019-12-09	2022-09-26	2,000	19,950	898%	49,000,000	488,775,000
IBKS제13 호스팩 (상장폐지)	2020-07-15		2,000				
IBKS제14 호스팩 (에스에이티이엔지)	2020-06-22	2021-10-21	2,000	3,890	95%		
IBKS제15 호스팩 (하인크코리아)	2021-02-26	2021-11-19	2,000	2,650	33%	57,085,000	75,637,625
IBKS제16 호스팩 (라이콤)	2021-09-03	2023-01-11	2,000	2,320	16%	69,702,500	80,854,900
IBKS제18 호스팩 (벨로크)	2022-07-22	2023-03-27	2,000	2,755	38%		
IBKS제17 호스팩 (신시웨이)	2022-02-18	2023-09-27	2,000	4,360	118%	75,637,625	164,890,023
IBKS제19 호스팩 (에스피소프트)	2022-08-26	2024-01-11	2,000	4,700	135%		

2015년 투자금 5,000만 원으로 IBKS투자증권 스팩 반복 투자 시뮬레이션

2015년 IBKS제3호스팩에 최초로 투자한 5,000만 원은 주식매수청구권 종료일인 2018년 8월 28일에는 1억 4,700만 원이 됐습니다. 해당 금액을 3등분해 2018년 8월 28일 이후 IBK증권에서 상장한 3개 스팩(10호, 11호, 12호)에 각각 4,900만 원씩 재투자합니다. 각 스팩의 주식매수청구권 종료일에 위와 동일한 방식으로 반복 투자했다면, 2015년 5,000만 원이 2024년에는 7억 3,400만 원이 됐습니다.

최초 투자 금액(2015년)	50,000,000원
현재 보유 금액(2024년)	734,519,923원
수익 총액	684,519,923원
수익률	1,369%
연평균 수익률	152%

2015년 투자금 5,000만 원으로 IBKS투자증권 스팩 반복 투자 결과

윙스풋과 합병해 898%가 올랐던 IBKS제12호스팩이란 특이 케이스가 없는 다른 증권사로 시뮬레이션을 돌리면 어떤 결과가 나올까요? 2018년 8월 28일에 회수한 IBKS제3호스팩 수익 금액을 똑같은 방식으로 대신증권 스팩으로 반복 투자한 경우를 상정해 시뮬레이션을 돌려봤습니다.

스팩명 (합병회사)	상장일	주식 매수 청구권 종료일	공모가 매수 스팩 기간 종료일 매도			투자 금액	
			공모가 (원)	주식 매수 청구권 종료일 주가 (원)	수익률	시작 (원)	종료 (원)
IBKS제3호 스팩 (케이엠제약)	2015-10-08	2018-08-28	2,000	5,880	194%	50,000,00	147,000,000
대신밸런스 제2호(와이 아이케이)	2015-12-24	2017-03-16	2,000	3,080	54%		
대신밸런스 제3호 (네오셈)	2018-04-04	2019-01-07	2,000	1,775	-11%		
대신밸런스 제4호 (상장폐지)	2017-03-03		2,000				
대신밸런스 제5호 (지니틱스)	2018-08-30	2019-07-02	2,000	4,105	105%	49,000,000	100,572,500
대신밸런스 제6호 (국전약품)	2018-12-19	2020-12-02	2,000	6,170	209%	49,000,000	151,165,000
대신밸런스 제7호 (누보)	2019-10-11	2022-02-03	2,000	2,265	13%	49,000,000	55,492,500
대신밸런스 제8호 (원텍)	2019-12-19	2022-06-02	2,000	3,795	90%	100,572,500	190,836,319
대신밸런스 제9호 (블리츠웨이)	2020-12-23	2021-11-25	2,000	5,890	195%	151,165,000	445,180,925
대신밸런스 제10호 (엑스게이트)	2021-09-17	2023-02-09	2,000	3,560	78%		

대신밸런스 제11호 (라온텍)	2021-12-02	2023-02-06	2,000	2,955	48%	222,590,463	328,877,408
대신밸런스 제12호 (셀바이오휴먼텍)	2022-07-14	2023-03-23	2,000	2,715	36%	55,492,500	75,331,069
대신밸런스 제13호 (유디엠텍)	2022-11-28		2,000			222,590,463	

2015년 투자금 5,000만 원으로 IBKS제3호스팩 매도 후

대신증권 스팩 반복 투자 시뮬레이션

2015년 IBKS제3호스팩에 투자한 5,000만 원은 주식매수청구권 종료일인 2018년 8월 28일에 1억 4,700만 원이 됐습니다. 해당 금액을 3등분해 2018년 8월 28일 이후 대신증권에서 상장한 3개의 스팩(5호, 6호, 7호)에 각각 4,900만 원씩 재투자합니다. 각 스팩의 주식매수청구권 종료일에 위와 동일한 방식으로 반복 투자한 것으로 산출한 결과입니다.

9호스팩을 매도한 총액을 11호에 투자했다면 총수익은 더 커지겠지만, 4억 4,000만 원을 한 스팩에 태우는 것은 현실성이 부족한 거 같아, 제11호와 13호에 각각 2억 2,000만 원을 투자하는 것으로 가정했습니다. 898%가 올랐던 IBKS제12호스팩 없이도 비슷한 결과가 나옵니다.

최초 투자 금액(2015년)	50,000,000원
현재 보유 금액(2024년)	817,635,258원
수익 총액	767,635,258원
수익률	1,535%
연평균 수익률	171%

2015년 투자금 5,000만 원으로 IBKS제3호스팩 매도 이후 대신증권 스팩 반복 투자 결과

투자 시작 시점에 따라서 다른 결과가 나올 수 있고, 해당 증권사가 미래에도 과거 같은 결과를 반복한다고 할 수는 없습니다. 그럼에도 불구하고 손실 위험이 없는 투자인 점을 고려하면 도전해 볼 만한 투자 전략입니다.

스팩 운용 주식 2
- 스팩 선별 3단계로 분산 투자하기

지금 소개할 전략은 20~30개 스팩에 분산 투자하는 것입니다. 투자 초기에 목돈이 없는 경우, 적립하면서 투자할 수 있는 장점이 있습니다. 매월 월급의 일정 금액이나, 부가 수입이 생길 때마다 수량을 늘려가는 것입니다. 이 전략의 목표는 합병에 성공할 가능성이 높은 스팩을 최대한 많이 보유하는 것입니다.

2024년 6월 8일 장 마감 기준으로 합병 발표 전 스팩은 77개나 있습니다. 이 많은 스팩 중에서 어떤 스팩을 포트폴리오에 담아야 할까요?

공모가 미만 주식만 매수한다면 크게 고민할 필요가 없습니다. 77개 스팩 중 공모가 미만 스팩은 6개 밖에 없습니다. 하지만 현재 공모가 미만에서 거래되고 있는 스팩은 모두 합병 실적이 저조한 대형 스팩입니다. 대형 스팩만 매수했다가 2~3년 뒤 모두 합병에 실패해 상장 폐지 당해서 예금 수준의 이자 수익만 얻는다면 스팩 투자에 흥미를 잃을 가능성이 높습니다.

아무리 안전한 투자를 지향한다고 해도 좀 더 빨리, 합병 가능성이 높은 종목을 사고 싶은 게 인간의 솔직한 마음입니다. 매수 전략에 위험을 조금 추가하면 선택의 폭이 넓어집니다. 위험 정도는 개인 판단에 따라 달라집니다. 예를 들어 '예상 청산 가격 대비 저렴한 가격의 스팩을 매수하겠다.', '-5%까지는 괜찮다.' 등의 기준을 정하면 됩니다. 77개 스팩을 7장에서 다뤘던 스팩 관련 통계 데이터를 활용해서 압축해 보겠습니다.

NO.	종목명 (합병 전)	현재가 (원)	공모가 (원)	공모가 대비	발행 금액 (억 원)	발기인	증자 등기일
1	미래에셋드림 스팩1호	9,640	10,000	-3.6%	768	에이티넘 파트너스	2023- 03-13
2	삼성스팩8호	9,770	10,000	-2.3%	466	아이피 파트너스	2023- 02-24
3	신한제11호 스팩	1,979	2,000	-1.1%	378	지오원	2023- 09-26
4	하나금융25 호스팩	9,940	10,000	-0.6%	430	에이씨피씨	2022- 10-17

5	삼성스팩7호	9,950	10,000	-0.5%	350	다올인베스트먼트	2022-10-24
6	KB제27호스팩	2,000	2,000	0.0%	258	옐로씨매니지먼트	2023-10-28
7	엔에이치스팩29호	2,005	2,000	0.3%	287	티에스인베스트먼트	2023-06-19
8	엔에이치스팩30호	2,015	2,000	0.8%	182	컴퍼니케이파트너스	2023-11-25
9	삼성스팩9호	2,020	2,000	1.0%	221	수성자산운용	2023-11-29
10	미래에셋비전스팩4호	2,030	2,000	1.5%	162	티에스인베스트먼트	2024-05-23
11	유안타제13호스팩	2,030	2,000	1.5%	195	우신벤처투자	2023-02-22
12	유안타제15호스팩	2,030	2,000	1.5%	140	빅뱅벤처스	2024-02-26
13	상상인제4호스팩	2,040	2,000	2.0%	104	이안플래닛	2023-09-08
14	비엔케이제2호스팩	2,045	2,000	2.3%	84	현대기술투자	2024-02-23
15	유안타제16호스팩	2,050	2,000	2.5%	110	북극성벤처스	2024-04-26
16	하나30호스팩	2,065	2,000	3.3%	146	웰컴자산운용	2023-12-19
17	유진스팩7호	2,080	2,000	4.0%	100	에이씨피씨	2021-09-09
18	하나31호스팩	2,080	2,000	4.0%	112	프로디지인베스트먼트	2024-02-28
19	엔에이치스팩26호	2,085	2,000	4.3%	176	다올인베스트먼트	2022-11-25
20	한화플러스제2호스팩	2,085	2,000	4.3%	83	에스브이인베스트먼트	2021-07-30

21	에이치엠씨제6호스팩	2,090	2,000	4.5%	87	아일럼인베스트	2023-10-05
22	하이제7호스팩	2,090	2,000	4.5%	102	호스퀘어파트너스	2021-12-15
23	에스케이증권제11호스팩	2,090	2,000	4.5%	83	오픈워터인베스트먼트	2024-02-26
24	KB제28호스팩	2,095	2,000	4.8%	110	에이씨피씨	2024-05-11
25	신한제12호스팩	2,100	2,000	5.0%	110	대상어드밴테스	2024-04-08
26	상상인제3호스팩	2,100	2,000	5.0%	106	이안허브	2022-04-25
27	비엔케이제1호스팩	2,105	2,000	5.3%	86	히스토리벤처투자	2022-12-16
28	에스케이증권제12호스팩	2,115	2,000	5.8%	66	에이아이피벤처파트너스	2024-04-29
29	엔에이치스팩27호	2,115	2,000	5.8%	156	티에스인베스트먼트	2022-12-12
30	케이비제21호스팩	2,120	2,000	6.0%	154	메디치인베스트먼트	2022-06-20
31	하나28호스팩	2,125	2,000	6.3%	144	티에스인베스트먼트	2023-08-07
32	유진스팩10호	2,125	2,000	6.3%	85	지앤텍벤처투자	2024-02-27
33	유안타제10호스팩	2,130	2,000	6.5%	115	현대기술투자	2022-09-29
34	유안타제11호스팩	2,135	2,000	6.8%	105	메디치인베스트먼트	2023-08-28
35	하나33호스팩	2,135	2,000	6.8%	74	지니언스	2024-04-22
36	키움제8호스팩	2,150	2,000	7.5%	118	에이씨피씨	2023-05-15

37	유안타제14호 스팩	2,150	2,000	7.5%	91	플렉스톤 인베스트 먼트	2023-07-21
38	유안타제9호 스팩	2,155	2,000	7.8%	105	포지티브 인베스트 먼트	2022-07-29
39	에스케이증권 제8호스팩	2,160	2,000	8.0%	74	에이씨피씨	2022-09-30
40	미래에셋비전 스팩3호	2,165	2,000	8.3%	98	애니플러스	2023-04-03
41	키움제7호 스팩	2,170	2,000	8.5%	82	위벤처스 유한회사	2022-09-05
42	신영스팩10호	2,170	2,000	8.5%	94	원익투자 파트너스	2024-02-05
43	하나27호스팩	2,175	2,000	8.8%	112	케이앤투 자파트너스	2023-03-31
44	한화플러스제 4호스팩	2,180	2,000	9.0%	101	알고컴퍼니	2023-09-05
45	하나29호 스팩	2,180	2,000	9.0%	108	메이플투 자파트너 스	2023-06-23
46	대신밸런스제 17호스팩	2,180	2,000	9.0%	121	솔트룩스 벤처스	2024-01-22
47	대신밸런스제 16호스팩	2,185	2,000	9.3%	146	키베스트	2023-08-29
48	IBKS제24호 스팩	2,185	2,000	9.3%	85	뉴젠인베 스트먼트	2024-01-31
49	교보15호스팩	2,190	2,000	9.5%	76	포지티브 인베스트 먼트	2023-11-29
50	하이제8호스팩	2,195	2,000	9.8%	100	에이씨피씨	2023-06-19
51	엔에이치스팩 24호	2,195	2,000	9.8%	101	에스비아 이인베스 트먼트	2022-10-15
52	하나26호 스팩	2,195	2,000	9.8%	121	원베스트 벤처투자	2023-02-28

53	미래에셋비전스팩2호	2,195	2,000	9.8%	99	에스브이인베스트먼트	2023-02-20
54	신한제13호스팩	2,195	2,000	9.8%	72	에이씨피씨	2024-04-17
55	에스케이증권제10호스팩	2,195	2,000	9.8%	66	디티씨글로벌파트너스	2023-08-07
56	IBKS제23호스팩	2,195	2,000	9.8%	85	브릭인베스트먼트	2023-12-19
57	키움제6호스팩	2,205	2,000	10.3%	69	아이디벤처스	2022-04-01
58	에스케이증권제9호스팩	2,210	2,000	10.5%	100	서울IR네트워크	2023-07-17
59	한국제13호스팩	2,210	2,000	10.5%	80	아셈스	2023-11-07
60	하나32호스팩	2,210	2,000	10.5%	64	제일전기공업	2024-03-25
61	삼성스팩6호	2,215	2,000	10.8%	110	에스비아이인베스트먼트	2022-06-28
62	대신밸런스제15호스팩	2,250	2,000	12.5%	141	엠앤엠인베스트먼트	2023-08-25
63	DB금융스팩11호	2,250	2,000	12.5%	106	브릭인베스트먼트	2023-07-11
64	신영스팩9호	2,280	2,000	14.0%	107	에이벤처스	2022-12-23
65	KB제25호스팩	2,300	2,000	15.0%	80	에이씨피씨	2023-06-17
66	엔에이치스팩25호	2,310	2,000	15.5%	60	다올인베스트먼트	2022-10-28
67	한국제12호스팩	2,320	2,000	16.0%	85	링크인베스트먼트	2023-08-28
68	교보14호스팩	2,340	2,000	17.0%	84	지오원	2023-06-30

69	교보13호스팩	2,340	2,000	17.0%	81	포레스트 원파트너스	2022-10-28
70	신영스팩8호	2,350	2,000	17.5%	135	에이씨피씨	2022-08-22
71	유진스팩9호	2,350	2,000	17.5%	69	대성창업 투자	2022-11-30
72	대신밸런스제 14호스팩	2,370	2,000	18.5%	134	에이씨피씨	2022-11-30
73	IBKS제22호 스팩	2,380	2,000	19.0%	89	에이씨피씨	2023-04-04
74	IBKS제21호 스팩	2,465	2,000	23.3%	84	엠앤엠인베 스트먼트	2022-12-13
75	IBKS제20호 스팩	2,490	2,000	24.5%	86	위드인베 스트먼트	2022-10-24
76	신한제10호 스팩	2,500	2,000	25.0%	73	위드인베 스트먼트	2022-07-25
77	미래에셋비전 스팩1호	2,520	2,000	26.0%	124	티와이인 베스트먼트	2022-04-19

2024년 6월 8일 기준 합병 발표 이전의 스팩 현황

1) 1단계(77개 → 74개)

이중 상장폐지가 임박한 스팩 3개는 제외합니다.

NO.	종목명 (합병 전)	현재가 (원)	공모가 (원)	공모가 대비	발행 금액 (억원)	발기인	증자 등기일
1	유진스팩7호	2,080	2,000	4.0%	100	에이씨피씨	2021-09-09
2	한화플러스제2호스팩	2,085	2,000	4.3%	83	에스브이인베스트먼트	2021-07-30
3	하이제7호스팩	2,090	2,000	4.5%	102	호스퀘어파트너스	2021-12-15

상장폐지가 임박한 2021년 발행 스팩 현황

상장폐지가 임박한 스팩은 3년 만기 채권으로 접근하면, 시중 예금보다 높은 금리의 대체 상품이 될 수 있지만, 합병 이후 주가 상승 시 매도를 추구하는 포트폴리오 편성 관점에서는 적합하지 않습니다. 최근 합병 심사 소요 시간을 고려하면 6개월 미만으로 남은 위 3개 스팩은 합병 가능성이 희박하다고 봐야 합니다.

2) 2단계(74개 → 60개)

발행 금액 150억 원이 넘는 대형 스팩 14개 제외.

NO.	종목명 (합병 전)	현재가 (원)	공모가 (원)	공모가 대비	발행금액 (억 원)	발기인	증자 등기일
1	미래에셋드림스팩1호	9,640	10,000	-3.6%	768	에이티넘파트너스	2023-03-13
2	삼성스팩8호	9,770	10,000	-2.3%	466	아이피파트너스	2023-02-24
3	신한제11호스팩	1,979	2,000	-1.1%	378	지오원	2023-09-26
4	하나금융25호스팩	9,940	10,000	-0.6%	430	에이씨피씨	2022-10-17
5	삼성스팩7호	9,950	10,000	-0.5%	350	다올인베스트먼트	2022-10-24
6	KB제27호스팩	2,000	2,000	0.0%	258	옐로씨매니지먼트	2023-10-28
7	엔에이치스팩29호	2,005	2,000	0.3%	287	티에스인베스트먼트	2023-06-19
8	엔에이치스팩30호	2,015	2,000	0.8%	182	컴퍼니케이파트너스	2023-11-25
9	삼성스팩9호	2,020	2,000	1.0%	221	수성자산운용	2023-11-29
10	미래에셋비전스팩4호	2,030	2,000	1.5%	162	티에스인베스트먼트	2024-05-23
11	유안타제13호스팩	2,030	2,000	1.5%	195	우신벤처투자	2023-02-22
12	엔에이치스팩26호	2,085	2,000	4.3%	176	다올인베스트먼트	2022-11-25

13	엔에이치스팩27호	2,115	2,000	5.8%	156	티에스인베스트먼트	2022-12-12
14	케이비제21호스팩	2,120	2,000	6.0%	154	메디치인베스트먼트	2022-06-20

발행 금액 150억 원 이상 대형 스팩 현황

대형 스팩은 가격은 저렴하지만, 합병 성공 가능성이 낮습니다. 2024년 초대형 스팩인 엔에이치스팩20호와 하나금융25호가 합병 심사에 성공했지만, 주가는 공모가를 넘지 못했습니다. 결국 엔에이치스팩20호와 하나금융25호는 주주총회를 앞두고 상장을 자진 철회했습니다. 초창기 시드머니 적립 목적이 아니라면, 대형 스팩은 과감하게 제외하는 것이 현명한 선택입니다.

3) 3단계(60개 → 40개)

역대 스팩 합병 평균 성공 비율은 67%입니다. 7장에서 증권사마다 합병 성공 실적 차이가 있음을 확인했습니다. 증권사별 합병 실적 통계를 활용해 합병 성공 확률 60% 미만인 미래에셋증권, 한화투자증권, 한국투자증권, SK증권, 삼성증권, 키움증권, 상상인증권, 현대차증권, BNK증권에서 발행한 스팩은 포트폴리오에서 제외하겠습니다. 총 9개 증권사의 20개 스팩이 이에 해당됩니다.

NO.	종목명 (합병 전)	현재가 (원)	공모가 (원)	공모가 대비	발행 금액 (억 원)	발기인	증자 등기일
1	상상인제4호 스팩	2,040	2,000	2.0%	104	이안플래닛	2023- 09-08
2	비엔케이제2 호스팩	2,045	2,000	2.3%	84	현대기술 투자	2024- 02-23
3	에이치엠씨제 6호스팩	2,090	2,000	4.5%	87	아일럼인 베스트	2023- 10-05
4	에스케이증권 제11호스팩	2,090	2,000	4.5%	83	오픈워터 인베스트 먼트	2024- 02-26
5	상상인제3호 스팩	2,100	2,000	5.0%	106	이안허브	2022- 04-25
6	비엔케이제1 호스팩	2,105	2,000	5.3%	86	히스토리 벤처투자	2022- 12-16
7	에스케이증권 제12호스팩	2,115	2,000	5.8%	66	에이아이 피벤처파 트너스	2024- 04-29
8	키움제8호스팩	2,150	2,000	7.5%	118	에이씨피씨	2023- 05-15
9	에스케이증권 제8호스팩	2,160	2,000	8.0%	74	에이씨피씨	2022- 09-30
10	미래에셋비전 스팩3호	2,165	2,000	8.3%	98	애니플러스	2023- 04-03
11	키움제7호스팩	2,170	2,000	8.5%	82	위벤처스 유한회사	2022- 09-05
12	한화플러스제 4호스팩	2,180	2,000	9.0%	101	알고컴퍼니	2023- 09-05
13	미래에셋비전 스팩2호	2,195	2,000	9.8%	99	에스브이 인베스트 먼트	2023- 02-20
14	에스케이증권 제10호스팩	2,195	2,000	9.8%	66	디티씨글 로벌파트 너스	2023- 08-07
15	키움제6호스팩	2,205	2,000	10.3%	69	아이디벤 처스	2022- 04-01

16	에스케이증권제9호스팩	2,210	2,000	10.5%	100	서울IR네트워크	2023-07-17
17	한국제13호스팩	2,210	2,000	10.5%	80	아셈스	2023-11-07
18	삼성스팩6호	2,215	2,000	10.8%	110	에스비아이인베스트먼트	2022-06-28
19	한국제12호스팩	2,320	2,000	16.0%	85	링크인베스트먼트	2023-08-28
20	미래에셋비전스팩1호	2,520	2,000	26.0%	124	티와이인베스트먼트	2022-04-19

합병 성공 확률 60% 미만 증권사에서 발행한 스팩 현황

3단계 거치고 나면 40개 스팩이 남습니다. 이 종목들은 관심 종목에 담아두고 설정한 목표가격이 올 때마다 적립하면 되겠죠?

NO.	종목명 (합병 전)	현재가 (원)	공모가 (원)	공모가 대비	발행 금액 (억원)	발기인	증자 등기일
1	유안타제15호스팩	2,030	2,000	1.5%	140	빅뱅벤처스	2024-02-26
2	유안타제16호스팩	2,050	2,000	2.5%	110	북극성벤처스	2024-04-26
3	하나30호스팩	2,065	2,000	3.3%	146	웰컴자산운용	2023-12-19
4	하나31호스팩	2,080	2,000	4.0%	112	프로디지인베스트먼트	2024-02-28

5	KB제28호 스팩	2,095	2,000	4.8%	110	에이씨피씨	2024-05-11
6	신한제12호 스팩	2,100	2,000	5.0%	110	대상어드밴테스	2024-04-08
7	하나28호 스팩	2,125	2,000	6.3%	144	티에스인베스트먼트	2023-08-07
8	유진스팩 10호	2,125	2,000	6.3%	85	지앤텍벤처투자	2024-02-27
9	유안타제10호스팩	2,130	2,000	6.5%	115	현대기술투자	2022-09-29
10	유안타제11호 스팩	2,135	2,000	6.8%	105	메디치인베스트먼트	2023-08-28
11	하나33호 스팩	2,135	2,000	6.8%	74	지니언스	2024-04-22
12	유안타제14호스팩	2,150	2,000	7.5%	91	플렉스톤인베스트먼트	2023-07-21
13	유안타제9호 스팩	2,155	2,000	7.8%	105	포지티브인베스트먼트	2022-07-29
14	신영스팩10호	2,170	2,000	8.5%	94	원익투자파트너스	2024-02-05
15	하나27호 스팩	2,175	2,000	8.8%	112	케이앤투자파트너스	2023-03-31
16	하나29호 스팩	2,180	2,000	9.0%	108	메이플투자파트너스	2023-06-23
17	대신밸런스제17호스팩	2,180	2,000	9.0%	121	솔트룩스벤처스	2024-01-22
18	대신밸런스제16호스팩	2,185	2,000	9.3%	146	키베스트	2023-08-29
19	IBKS제24호 스팩	2,185	2,000	9.3%	85	뉴젠인베스트먼트	2024-01-31

20	교보15호스팩	2,190	2,000	9.5%	76	포지티브인베스트먼트	2023-11-29
21	하이제8호스팩	2,195	2,000	9.8%	100	에이씨피씨	2023-06-19
22	엔에이치스팩24호	2,195	2,000	9.8%	101	에스비아이인베스트먼트	2022-10-15
23	하나26호스팩	2,195	2,000	9.8%	121	윈베스트벤처투자	2023-02-28
24	신한제13호스팩	2,195	2,000	9.8%	72	에이씨피씨	2024-04-17
25	IBKS제23호스팩	2,195	2,000	9.8%	85	브릭인베스트먼트	2023-12-19
26	하나32호스팩	2,210	2,000	10.5%	64	제일전기공업	2024-03-25
27	대신밸런스제15호스팩	2,250	2,000	12.5%	141	엠앤앰인베스트먼트	2023-08-25
28	DB금융스팩11호	2,250	2,000	12.5%	106	브릭인베스트먼트	2023-07-11
29	신영스팩9호	2,280	2,000	14.0%	107	에이벤처스	2022-12-23
30	KB제25호스팩	2,300	2,000	15.0%	80	에이씨피씨	2023-06-17
31	엔에이치스팩25호	2,310	2,000	15.5%	60	다올인베스트먼트	2022-10-28
32	교보14호스팩	2,340	2,000	17.0%	84	지오원	2023-06-30
33	교보13호스팩	2,340	2,000	17.0%	81	포레스트원파트너스	2022-10-28
34	신영스팩8호	2,350	2,000	17.5%	135	에이씨피씨	2022-08-22

35	유진스팩9호	2,350	2,000	17.5%	69	대성창업투자	2022-11-30
36	대신밸런스제14호스팩	2,370	2,000	18.5%	134	에이씨피씨	2022-11-30
37	IBKS제22호스팩	2,380	2,000	19.0%	89	에이씨피씨	2023-04-04
38	IBKS제21호스팩	2,465	2,000	23.3%	84	엠앤엠인베스트먼트	2022-12-13
39	IBKS제20호스팩	2,490	2,000	24.5%	86	위드인베스트먼트	2022-10-24
40	신한제10호스팩	2,500	2,000	25.0%	73	위드인베스트먼트	2022-07-25

스팩 압축 3단계 이후 남은 40개 스팩

Part 09

스팩 투자 고수들의
실전 투자 전략 공개

◇

key point

스팩 투자 시작 이후 계속 꾸준히 투자 금액은 늘려왔고, 현재 10억 원 가까이 됩니다. 현재 전체 금융투자 규모 중 50% 정도가 스팩인데 더 늘리려고 합니다.

적금 넣듯이 투자해 고수익 올리는 '다크도리'님

제가 운영하는 스팩 투자 카페에는 저보다 먼저, 그리고 꾸준히 스팩 투자를 하는 고수가 많습니다. 스팩 투자 고수들의 인터뷰를 담았습니다. 흔쾌히 인터뷰에 응해 주신 두 고수분께 감사드립니다.

Q1. 스팩 투자에 관심을 가진 계기는?

원래 공모주를 꾸준히 했습니다. 한 6~7년 된듯합니다. 당시는 균등제도가 없었고, 스팩은 청약 경쟁률이 10:1이 넘는 게 드물었습니다. 그러다 보니 일단 청약받고 상장일에 2,030~2,040원에 매도하면 용돈벌이가 돼 꾸준히 관심을 가지고 스팩 청약에 참여했습니다.

Q2. 스팩 투자 기간은?

공모주와 병행해서 진행하였기에 6~7년 정도 됩니다.

Q3. 스팩 투자 금액은?

현재는 스팩에 5,000만 원 정도 분산 투자하고 있습니다. 총 주식 투자금의 25% 정도 됩니다.

Q4. 목표 투자 수익률은?

합병으로 인한 거래정지 후 승인받고 3,200원 이상에서 매도하는 것을 목표로 하고 있습니다. 금융위 스팩 통계상 합병 후 평균 수익률이 60% 정도라 이 가격 위에서는 일단 매도를 고려합니다.

Q5. 가장 큰 수익을 준 종목과 수익률은?

수익률로만 본다면 스팩 이상 급등의 시발점이었던 삼성머스트스팩5호가 405.07%로 가장 높았지만, 청약 당시 높은 경쟁률로 받은 수량은 얼마 되지 않아 수익은 용돈 수준이었습니다. 합병으로 가장 큰 수익을 준 종목은 씨사이트(엔에이치스팩28호)와 에스피소프트(IBKS제19호스팩)인데 수익률로는 300% 정도지만, 두 종목 모두 일찍 매도해서 아쉽긴 합니다.

Q6. 2023년 평균 수익률은?

스팩이 워낙 많아서 평균 수익률을 계산하기 어려운 거 같습니다. 공모 스팩도 이상 급등한 종목도 많았고, 합병도 많았지만, 평균 내면 그래도 3,500원 이상, 공모가 기준 약 75% 수익률은 되지 않을까 합니다.

Q7. 스팩 투자 방법은?

균등 제도가 없던 시대에는 공모에 참여하는 인원이 적으면 3만 명, 괜찮은 회사라고 하면 5만 명 수준이었고, 스팩은 훨씬 적었습니다. 그런데 지금은 일반 스팩 참여자 수가 크게 늘었고, 비례 청약 경쟁률도 너무 높아져 공모로 스팩을 받기 너무 어려워졌습니다.

그러다 보니 모든 스팩 공모에 참여하고, 상장일 9시 넘어서 청약받은 물량을 매도 후 오후 2시 반 이후 혹은 다음 날 오전에 매수하는 전략으로 진행하고 있습니다. 현재 유동성이 풍부하다 보니 2,000원 이하로는 하락하지 않는 듯해 합병 가능성이 높은 증권사 스팩 위주로 매수하고 있습니다. 개인적인 바람이라면 공모주 열풍이 좀 진정돼서 예전처럼 균등만 넣어도 100~200주씩 받을 수 있는 시대가 다시 왔으면 좋겠습니다.

기다리다 합병 공시가 올라오면 합병회사 지분 구조를 일단 확인합니다. 아무래도 대주주 지분이 많으면 오버행(시장에 풀릴 수 있는 많은 양의 대기 물량) 이슈도 덜하기에, 상대적으로 주가가 더 상승하는 경우가 많습니다. 합병 가치도 대략 보고, 나름의 기준을 세워서 재거래 시 매도할 스팩, 합병까지 기다려볼 스팩 등을 구분합니다.

Q8. 스팩 투자의 매력은?

스팩 투자의 매력은 3년이 지나면 원금과 이자가 보장된다는 것이라고 생각합니다. 저같이 주식은 팔지 않는 거라고 생각하는 사람한테는 은행 예금 대신 3년 정기예금 가입한 것이니까요.

그러다 중간에 합병하면 주가가 상승할 확률이 높고, 혹시나 하락해도 주식매수청구권을 사용하면 원금과 이자를 돌려주니 이보다 더 좋은 투자가 없습니다.

전 개인적으로 주식 종목은 절대 남에게 추천하지 않습니다. 추천할 능력도 안 되고요. 다만 스팩은 널리 소문냅니다. 이런 좋은 투자를 주변에 항상 소문내고 알려주지만, 호흡이 길다 보니 막상 실행하는 사람은 잘 못 봤습니다. 상장→합병 공시→합병 승인→재거래→최종 합병까지 최소 2년은 소요되니 그런 거 같습니다. 정기예금 1년 만기도 해약하는 사람이 많은데, 2년 이상 걸리는 스팩에 투자하기 어려울 거 같기도 합니다. 그러나 저같이 지수투자 위주로 그냥 두는 스타일의 투자자에게는 딱 맞는 거 같습니다.

Q9. 스팩 투자할 때 주의할 점은?

워런 버핏의 투자 제1원칙이 '돈을 잃지 마라.', 제2원칙이 '제1원칙을 잊지 마라.'입니다. 이를 실천하기 위해서는 원금 확보가 제일 중요합니다. 스팩은 원금과 이자가 보장되는 종목이지만, 높은 가격에서 매수하면 원금을 잃을 염려가 있으니, 아무래도 보수적으로 투자한다면 3년 후 돌려받을 것으로 예상되는 주가 밑에서 매수하는 것이 우선돼야 하지 않을까 생각합니다.

그리고 합병공시 후 재거래 될 때 매수하면 주식매수청구권이 없어, 이때의 매수는 원금을 잃을 리스크도 존재하니 조심해야 합니다. 개인적으로 재거래 후 스팩은 매수하지 않고, 자금이 있으면 합병 전 일반 스팩을 더 매수합니다.

말하고 보니 스팩 투자자라면 누구나 알고 있는 상식적인 투자법 같습니다. 그만큼 누구나 알고 있는 전략으로 접근 가능한 쉬운 투자이고, 그러다 보니 원금을 잃기도 어려운 게 스팩 투자라고 생각합니다. 저같이 일반 기업에서 월급 받아 생활하는 사람이 커피값, 술값 아껴서 꾸준히 적금 넣듯 매수하면서 수량 늘리기에 좋은 투자인 거 같습니다.

스팩 투자 10년,
10억 원 투자 중인 '악어8'님

Q1. 스팩 투자에 관심을 가진 계기는?

2014년쯤으로 기억합니다. 여윳돈은 항상 은행에 예금했는데, 그때쯤 연이율이 3% 미만으로 내려갔습니다. 그때 마침 스팩을 알게 됐고, 하방이 막힌 투자라는 점이 맘에 들어 시작했습니다.

Q2. 스팩 투자 기간은?

2014년에 첫 스팩 투자를 했으니 만 10년이 됩니다.

Q3. 스팩 투자 금액은?

스팩 투자 시작 이후 계속 꾸준히 투자 금액은 늘려왔고, 현재 10억 원 가까이 됩니다. 현재 전체 금융투자 규모 중 50% 정도가 스팩인데 더 늘리려고 합니다.

Q4. 목표 투자 수익률은?

연 1X% 입니다. 매년 10%를 7년 연속으로 달성하면 자산이 2배가 되는데, 이 정도를 목표로 합니다.

Q5. 가장 큰 수익을 준 종목과 수익률은?

케이비3호스팩입니다. 합병 승인 후 연속 상한가로 바로 8,000원(300%)까지 직행했습니다. 8,000원에 전량 매도하고 이익 실현했습니다.

Q6. 2023년 평균 수익률은

2023년은 스팩 시장이 너무 좋았던 한 해였습니다. 20%가 넘는 수익을 얻었습니다. 물론 같은 수준의 수익을 매년 기대하지는 않습니다.

Q7. 스팩 투자 방법은?

합병 승인 이전 종목 중 절반 정도를 포트폴리오에 담아두고, 합병 승인이나 만기 상폐까지 기다립니다. 절대 중간에 매도하지 않습니다. 포트폴리오에 어떤 종목을 담을지는 증권사와 발기인의 합병 이력, 시가총액 등을 고려해 선정합니다. 합병 승인이 난 뒤에는 매수청구일까지 대략 3개월간 무지성 분할 매도합니다. 합병 승인 이후 스팩 주가는 주식매수청구권 종료일에 다가갈수록 상승하는 경우도 있고, 합병 승인 이후 초기에 주가가 급등하는 경우도 있기 때문에 주가 최고점을 예측할 수 없습니다. 이러한 변동성에 대비하기 위해 분할 매도로 대응합니다.

Q8. 스팩 투자의 매력은?

하방이 막힌 투자라는 점과 역사적으로 매년 평균 10% 이상 수익이 발생했다는 점입니다. 또, 주식 투자하는 대부분의 개인이 연 10% 정도의 수익에 만족 못 한다는 점이 스팩 투자가 아직 블루오션으로 남아있는 이유라고 생각합니다.

Q9. 스팩 투자를 할 때 주의할 점은?

스팩의 매력을 믿고 스팩 투자를 시작했다면 최소한 한 사이클, 합병 승인이나 상장폐지까지는 원칙대로 기다려보는 것을 추천합니다. 스팩 주가는 합병 결정 이전에도 합병 기대감으로 10~30% 수익이 발생할 수 있지만, 이때 매도하면 합병 승인 이후 발생하는 50~100% 이상의 수익을 볼 수 없습니다. 또, 갈아타기를 하다가 주가가 올라 매수 타이밍을 놓치는 경우가 많습니다.

스팩 투자 성공까지, 함께 성장합시다

〈원금 손실 없는 스팩 투자 방법〉

매수

합병 결정 이전 스팩 중 공모가 또는 청산 가격(공모가 + 이자) 미만의 스팩을 매수한다.

※ 합병 결정 이후의 스팩은 주식매수청구권을 사용할 수 없다. 즉, 원금 보장이 되지 않는다.

매도

주식매수청구권 사용 가능 기한 안에 반드시 매도한다. 주식 매수 청구 가격보다 주가가 낮을 경우에는 주식매수청구권을 사용한다.

※ 합병에 실패하면? 기다린다. 기다리면 공모가에 이자를 더한 값을 돌려준다.

이제 스팩 투자를 위한 준비가 끝났습니다. 이 책에서 다양한 전략을 제시했지만, 사실 위의 간단한 원칙만 숙지해도 충분합니다. 스팩 투자는 그만큼 단순하고 쉽습니다. 하지만 진짜 중요한 것은 실천입니다. 지식만으로는 충분하지 않습니다. 실행하고, 지속하는 것이 중요합니다. 공부, 직장, 사업, 수익화 블로그나 유튜브도 꾸준히 지속하지 않으면 성과를 거두기 어렵습니다.

스팩 투자도 마찬가지입니다. 의미 있는 수량의 스팩을 매입하고, 합병 소식이 나올 때까지 보유하지 않는다면 실질적인 수익을 얻을 수 없습니다. 상장 첫날 급등 현상으로 단기간에 높은 수익률을 기록할 수는 있겠지만, 공모주 청약만으로는 백만 원 이상의 큰 수익을 올리기는 어렵습니다. 한 종목으로 500만 원 이상의 수익을 얻으려면 투자금이 천만 원 정도는 있어야 합니다. 지금 당장 목돈이 없어도, 합병 법인을 찾는 동안 시간이 있으니 꾸준히 매입하면 됩니다. 천만 원을 모으기 전에 합병이 이뤄진다면 다음 종목에 재투자하면 됩니다. 이 과정을 반복하면 목표 금액을 모으는 데 걸리는 시간이 점점 줄어들 것입니다.

물론 성과를 보기까지 꽤 오랜 시간이 소요될 수 있습니다. 합병회사를 찾는 데 시간이 걸리고, 약 33%의 종목이 상장폐지 될 수 있습니다. 하지만 원칙에 따라 투자한 스팩은 상장폐지 돼도, 피해는 기회비용 손실 정도에 그칩니다. 원금을 잃지 않았으니, 다음 종목에 투자할 자금으로 활용할 수 있습니다. 원금을 모두 날릴 수도 있는 일반 주식 투자 실패와는 데미지가 전혀 다릅니다.

스팩 투자는 안전하지만, 수익을 보는 것은 쉽지 않습니다. 기다리는 기간이 고독하고 외롭기 때문입니다. 이 책에서 성공 가능성을 높여주는 전략을, '스팩오답노트' 네이버 카페에서 함께할 동료를 찾을 수 있습니다. 서로의 경험을 공유하고, 함께 성장하며 목표를 향해 나아갈 것입니다. 스팩 투자 성공을 이루는 그 순간까지, 함께 응원하고, 함께 성장합시다.

리스크 없이 수익만 내는
스팩 투자의 법칙

초판 1쇄 발행 2024년 8월 19일

지은이 원칙과 실천
발행인 정진욱
편집인 윤하루
디자인 주서윤

발행처 라디오북
출판등록 2018년 7월 18일 제 2018-000161호
주 소 (07299)서울시 영등포구 경인로 775
전 화 0507-1360-8765
팩 스 050-7078-8765
이메일 hello.radiobook@gmail.com

ISBN 979-11-90836-80-7
값 22,000원

*라디오북은 라디오데이즈의 출판 전문 브랜드입니다.